こわ〜い 心理テスト＆うらない

ゾクゾク！ あたる！

ⓘ 池田書店

もくじ

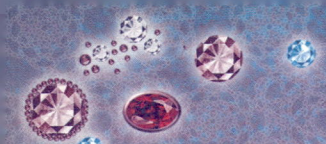

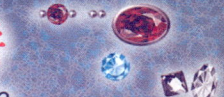

PART 2 あなたのトキメキ恋愛診断

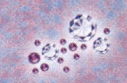

PART3 ドキドキ！ 恐怖のうらない

はじめに

　「○○ちゃんって、けっこうカンがするどいよね」「○○ちゃん、天然なんだからー」など、自分では思ってもみなかったことを言われて、「うそ!」と思ったことはありませんか？

　自分が思う自分と、まわりが思う自分は、同じとはかぎらないのです。同様に、相手の性格や気持ちも、わかっているようでいて、意外と誤解していることも。

　人の気持ちを理解すること、また、自分の性格に気づくことは、かんたんなようでいて、むずかしいことなのかもしれません。

　この本では、ホラーな心理テストやうらないをたのしみながら、あなた自身や、あなたのまわりの人たちの性格や気持ちを知ることができます。また、友だちとよりよい関係をきずいていくためにはどうしたらよいかもアドバイスしていますので、ぜひ、心理テストとうらないにトライしてみてくださいね。

雅　るな

PART 1

あなたの友情はホンモノ？

友だちとの関係をチェック！

あなたにとって、友だちってどんな存在？
ここでは、友情に関する心理テストを紹介するよ。
気になる友だちとの相性やケンカの原因など、
あなたの友だち関係について、診断しちゃおう！

とつぜんの幽体離脱！
あなたを見た友だちの反応は？

授業中、とつぜん気が遠くなったあなた。

ハッと気づいたら、あなたは幽体離脱をして教室を見下ろしていた。

え？　わたしどうしちゃったの……？

クラスメイト全員がいっせいに上を向いたよ。

だれかがこんなことを言ったよ。ドキッ！　なんて言った？

「あっ、天井に
でっかいシミが
できてる」

「○○ちゃん
（あなたの名前）、
降りてきて〜」

「はい、みんなで
首の体操だよ〜」

「いまのこたえが
わかる人は
上を向いて」

診断はつぎのページを見てね！

A1 あなたの人気者度は？

1 そこそこ人気者

あなたはそこそこの人気者よ。不思議な魅力を放つ、変わり者的な存在かも。あなたの気持ちが伝わりにくいこともあるので、相手にしっかり伝えるようにすれば、さらに人気もアップしそう！

2 アイドル系人気者

あなたの人気はかなりのもの。みんなに注目されていて、たのしい時間を過ごしているんじゃないかしら。特に仲よしグループの中では、あなたが中心人物。みんな、あなたについてくるわ。

3 お笑い系人気者

あなたの人気はかなり高いわ。人を笑わせる才能を持っているので、あなたのひとことで、その場のムードをパッと明るくすることができるの。グループ内ではお笑い担当になれそう。

4 かくれ人気者

あなたにはかくれた人気がありそう。ときどきみんなをクスッと笑わせるようなことを言うので、ハマる人はどっぷりあなたにハマってしまうの。ナチュラルな魅力が光っているわ。

親友とおばけ屋敷に入ったあなた。歩いて進んでいくと目の前に古くてうす汚れたフランス人形が。すると、人形があなたに向かってしゃべりかけたわ。なんて言ったと思う？

1 「わたしのこと、こわいでしょ？」

2 「わたしのドレスを洗ってよ」

3 「おなかすいた〜」

4 「お願い、わたしをここからつれだして！」

診断はつぎのページを見てね！

9

A2 どんなタイプの友だちが合う?

1 ハッキリものを言うタイプ

ハッキリさせることが苦手なあなたには、ハッキリとものを言ってくれる友だちがピッタリ! たとえ毒舌でも、それがあなたの心にひびくので、おたがいに高め合える関係になれそうよ。

2 友だちが多いタイプ

おしゃれなあなたは、アイドルになれる才能を秘めた人。そんなあなたには、友だちの多い子がピッタリ! 仲よくすることで、あなたにもたくさんの友だちができ、人気度もアップしそう!

3 まじめで誠実なタイプ

ちょっとのんきでマイペースなあなたには、まじめで誠実なタイプの子がピッタリ! せかされると失敗しがちなことも、自分のリズムで取り組めるから、実力を発揮できるわ。

4 世話好きでやさしいタイプ

こまっている人をほうっておけないあなたには、世話好きでやさしいタイプがピッタリ! 悲しいことがあっても、おたがいにはげまし合い、困難を乗りこえていけるパワーが生まれるわ。

テスト3 心霊写真に写る霊

友だちと記念写真を撮ったよ。霊はどこに写っていた？
(向かって左にあなた、右に友だちが写った写真)

① あなたの左

② あなたと友だちの間

③ 友だちの右

テスト4 炎につつまれた！

階段のおどり場で怪談をして盛り上がっていたら、友だちのひとりが
とつぜん、あやしげな炎につつまれたの。それは何色？

① グリーン

② ピンク

③ 白

診断はつぎのページを見てね！ ➡

診断結果

A3 友だちとのつき合い方は？

1 思いやりを言葉にして
気持ちをハッキリと伝えないせいで、誤解されることが。言葉にすることで、気持ちが通じ合い、ふたりの仲はさらに深まるわ。

2 秘密を共有して
ふたりだけの秘密を持つことで、仲よし度はさらに急上昇！　もちろん、その秘密はだれにも話しちゃだめよ。

3 さりげなくフォローして
相手がこまっていたら、さりげなくフォローしてあげて。そうすると、友だちもあなたにやさしさを返してくれるわよ。

A4 友情と恋、えらぶならどっち？

1 友情
究極の選択をせまられたら、友情をえらぶタイプね。友だちとのキズナを大切にしているから、いざというときも友だちが助けてくれそう。

2 恋
どちらかをえらばなくてはならなくなったら、恋をえらぶタイプ。友だちも大事だけれど、好きなカレとの時間を大切にしたいと思っているわ。

3 どちらともいえない
恋も友情もどちらも大事。どうしても決められなくて、いつまでもなやみそう。こたえが出るのは、あなたが少しおとなになってからかも。

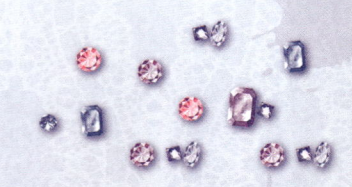

テスト 5 かなしばりにあった!

あなたはあることをしているとき、とつぜんかなしばりにあってしまったの。それはいつ?

1 おふろに入っているとき　2 歩いているとき

3 友だちと話しているとき　4 テレビを見ているとき

テスト 6 自殺スポットのひも

有名な自殺スポットに行くと、2本のロープが落ちていたわ。それはどんなふうになっていた?

1 はなれたところにあった　　2 きれいにそろえておいてあった

3 ぐちゃぐちゃにからまっていた

テスト 7 闇に光る目の正体は?

夜、歩いていたら、目の前にふたつの光が!
動物の目のようだけど、それはなんの目だと思う?

1 ヘビ 　2 サル 　3 イヌ

診断はつぎのページを見てね!→

13

A5 まわりとくらべてしまうコンプレックスは？

1 ちょっぴり鈍感

あなたはちょっぴり鈍感なのがコンプレックス。でも、まずはやるべきことができていれば、心配ないわ。

2 ちょっぴり不器用

あなたはちょっぴり不器用なのがコンプレックス。でも、あせらずにやればだいじょうぶよ。

3 ちょっぴり人見知り

あなたはちょっぴり人見知りなのがコンプレックス。ゆっくり、少しずつ打ちとけていけるから安心して。

4 ちょっぴりビビリ

あなたはちょっぴりビビリなのがコンプレックス。「なるようになるさ」とかまえていると不安が少しずつ解消されるわ。

A6 友情リア充度は？

1 まあまあリア充

いまのあなたのリア充度は低め。自分から積極的に動けば、充実できる時間を見つけていけそうよ。

2 ガッツリリア充

あなたのリア充度は相当高め。親友のような、特に親しい友だちとだけ過ごす時間が充実しているわ。

3 グループリア充

あなたのリア充度はかなり高いわ。特に複数の仲間とワイワイ過ごす時間が充実しているわよ。

A7 心のバリア度は？

1 心のバリアが高め

あなたは、親しい人以外にはなかなか本心を見せないの。仲よくなれば、バリアもへっていきそうね。

2 心のバリアは中くらい

あなたはまあまあオープンなタイプ。でも、相手しだいではバリアをはってしまうこともありそうよ。

3 心のバリアなし

あなたは、心がバリアフリーなタイプ。人なつこくて素直なので、だれとでもすぐに仲よくできるわ。

テスト8 おふろの外に影が…

ひとりでおふろに入っていると、だれもいないはずの外に気配が……。
その正体はなんだと思う？

1 ゾンビ

2 落ち武者
の霊

3 ドラキュラ

4 からかさ
おばけ

テスト9 体をのっとられた！

とつぜんあなたはなにかに体をのっとられ、目の前にいる
友だちに、びっくりするような暴言をはいたの！　それは？

1 「どんくさいわね。
　早くやりなさいよ！」

2 「いつまでもウジウジと
　しつこいのよ！」

3 「熱すぎて、
　まじウザいから！」

4 「うわべだけで、
　中身は空っぽじゃない！」

診断はつぎのページを見てね！➡

A8 苦手な友だちのタイプ

1 とっつきにくいタイプ

あなたが苦手なのは、無口でとっつきにくいタイプ。なにを考えているか読めなくて接し方がわからず、なかなか友だちになれないみたい。共通点を見つけたら、一気に仲よくなれるかも！

2 ネガティブなタイプ

あなたが苦手なのは、すぐに悪いほうに考えてしまうネガティブなタイプ。でも、その子はおくびょうなだけかも。いっしょにチャレンジして、こわくないってことを教えてあげて！

3 こだわりが強すぎるタイプ

あなたが苦手なのは、強いこだわりを持っているタイプ。でも、こだわりがあるのは、自分の理想像を持っているからこそ。そのポリシーをほめてあげれば、もっと仲よくなれそうよ！

4 いいかげんでルーズなタイプ

あなたが苦手なのは、いいかげんでルーズなタイプ。適当で、時間も守らないような人とは、友だちになりたくないと思っているの。「○時までに来なければ帰るね」など、条件を伝えて！

A9 相性のいい友だちは?

① 大胆なチャレンジャー

あなたと相性がいいのは、こわいもの知らずのチャレンジャータイプ。自分の気持ちに正直に行動し、リーダーシップもとれる人よ。ふたりでいると、おたがいに成長できるわよ。

② おしゃれな社交派

あなたと相性がいいのは、だれとでも上手につき合える社交的なタイプ。たくさんの人と接することで、いろんなことを吸収して、あなた自身も成長していけるわよ。

③ 地道に進む、がんばりや

あなたと相性がいいのは、ひかえめだけどコツコツがんばる努力家タイプ。しっかり計画を立ててから行動に移すから、安心できるの。いっしょに係や委員の仕事をするのもおすすめよ!

④ 情が深くてやさしいタイプ

あなたと相性がいいのは、人情味あふれるタイプ。繊細な心の持ち主で思いやりがあるから、あなた自身も安心できるの。おたがいにフォローし合えば、キズナはさらに強くなりそう。

テスト **10** 友だちとの関係を レベルアップ！

つぎの質問に **1** から順にこたえながら進んでいってね。

1
実際に見てみたいのはどっち？
からかさおばけ… **2** へ
ぬりかべ… **3** へ

2
見たこともない カギがバッグの 中に入っていたわ。 どうする？
そのままに しておく… **4** へ
捨てる… **5** へ

3
うらないの結果が 悪かったら？
信じない… **6** へ
信じる… **5** へ

4
地獄の苦しみはどっち？
しゃべることができない… **8** へ
遊ぶことができない… **7** へ

5
音楽室の肖像画が 歌いだしたわ。 どんな歌？
童謡… **9** へ
はやっている歌… **8** へ

6
背後に気配を感じたわ。いい 霊と悪い霊、どっちだと思う？
いい霊… **10** へ
悪い霊… **13** へ

7

記号入りのありえない
番号から電話がかかって
きたわ。どうする?

出てみる… **13** へ
電源を切る… **11** へ

8

夢の中であなたはお笑い芸人に
なっていたわ。どんな芸人?

コンビを組んでいる… **12** へ
ピン芸人… **11** へ

9

事故現場で幽霊が
あなたに向かって
手招きしているわ。
どうする?

ようすを見る… **12** へ
逃げる… **14** へ

10

打ちあけ話をするなら、どこで?
地下室… **14** へ
川原… **13** へ

11

鏡の中の自分と話せたら、
どうしたい?

笑わせてみたい… 診断**A**
泣かせてみたい… 診断**C**

12

駅のホームに立っていたら、
自分そっくりの人がいたわ。
どうする?

追いかける… 診断**B**
逃げる… 診断**D**

13

死神と話せたら?
自分の寿命を聞いてみる
… 診断**B**
死神の趣味を聞いてみる
… 診断**A**

14

ひとりでいるとき、
自分に話しかけるような
声が聞こえた。どうする?

返事をしてみる… 診断**D**
自分でできるおはらいを
してみる… 診断**C**

PART1
友だちとの関係をチェック!

診断はつぎのページを見てね! ➡

A10 あなたのコミュニケーション度は？

診断 A お笑い系コミュニケーション

あなたのコミュニケーション度はけっこう高いわ。人とおしゃべりをするのが大好きで、話題も豊富。特にユーモアセンスがバツグン。トークやギャグでみんなをたのしませることのできる、お笑いセンスを持っているのが特ちょうよ。ただ、ウケることを考えるあまり、コミュニケーションが一方的になることもあるので、そこに気をつければ最高ね！

診断 B 社交系コミュニケーション

あなたのコミュニケーション度はとても高いわ。親しみやすく、ソフトな語り口で、初対面の人ともすぐに友だちになれる気さくで社交的なタイプよ。だれとでもつき合えるし、協調性もあるから、友だちからの人気も高いわ。それに、あらそいが苦手なので、人を傷つけるようなキツいことは言わないの。あなたのまわりには自然と人が集まりそう。

診断 C 誠意系コミュニケーション

あなたのコミュニケーション度はごくふつうってところ。決してうまくはないけれど、誠意がこもっているので、きちんと人間関係をきずいていけるの。言いたいことを上手に言葉にできなくても、おたがいが理解できるまでしっかり話し合うことで、ちゃんとカバーできるわ。これから経験を重ねると、もっとスムーズなおつき合いができて、コミュニケーション力もアップするわ。

診断 D なぞ系コミュニケーション

あなたのコミュニケーション度はちょっと低めね。自分の気持ちを伝えるのがあんまり得意じゃないみたい。自分ではそんなつもりはないのに、なぜか誤解されたということもあるのでは？　だからと言って、口をつぐむのは逆効果。気持ちは言葉にして伝えることで、相手の心にひびくの。言葉をえらびながら話せば、たのしい人間関係をきずけるわ。

21

運気がアップする
コミュニケーション術

わたしたちが何気なく使っている言葉には、すべてエネルギーがこめられているの。それを言葉にやどる霊、「言霊」というのよ。よいエネルギーを持った言葉はよい運気を、マイナスのエネルギーを持った言葉は悪い運気をよんでしまうの。だから、友だちにはよいエネルギーを持った言葉をかけてあげて。

友だちにかけてあげたい言葉

ありがとう

なにかをしてもらったら、かならず感謝の気持ちを伝えて。相手もハッピーになれるわ！

だいじょうぶだよ

つらかったね

相手の気持ちになって共感する言葉よ。友だちが落ちこんでいるときに言ってあげて。

くり返し聞いているうちに、だんだん本当にだいじょうぶだと思えてきて、元気がわいてくるわ。

使うと運気がダウンする言葉

友情にヒビが入ってしまうから、絶対に使わないでね。

うるさい、ウザい

相手を受け入れたくないというバリアのあらわれ。相手を傷つけてしまう言葉なので、使わないでね。

チッ
（舌打ちする）

イライラして気分が悪いとき、舌打ちをするのも×。まわりにいる人をいやな気分にさせちゃう。

道のお地蔵さん

道ばたで見つけたお地蔵さんにさわっていたら、とつぜんかなしばりにあったわ。あなたはお地蔵さんのどこをさわっていた?

1 頭の上

2 口

3 手

4 足

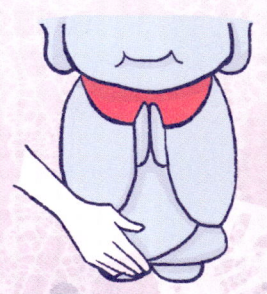

診断はつぎのページを見てね!➡

23

A11 友だちのいちばん許せないところは?

1 上から目線のところ

だれとでも仲よくできるフレンドリーなあなたは、人を見下すような子がいちばん許せないの。人をランクづけしたり、できない人をばかにするような子とは友だちになりたくないと思っているわ。

✦ ◈ · ◈ · ◈ ◈✦ ✦

2 うそをつくところ

誠実なあなたは、うそをつくような子がいちばん許せないの。自分の言葉に責任を持たず、人をだますような子は、信用できないだけじゃなく、関わりたくないと思っているわ。

✦ ◈ · ◈ · ◈ ◈✦ ✦

3 お調子者のところ

まじめで、なにごとにも誠実に行動するあなたにとって、だれにでもいい顔をするお調子者がいちばん許せないタイプ。てきとうなことを言う子とは、話をするのもいやになってしまいそう。

✦ ◈ · ◈ · ◈ ◈✦ ✦

4 マイペースすぎるところ

グループの輪を大事にしたいと思っているあなたにとって、自分勝手でマイペースな子がいちばん許せないの。チームワークを乱す子とは、仲よくなりたいとは思えないみたい。

テスト12 影がどんどん変わっていく…

ある日の夕方、ふと自分の影を見ると、
その影がどんどん形を変えていったの。どんな形になった？

1 キツネ
2 影が小さくなって消えた
3 枝を広げた木
4 形が変わる花火のよう

テスト13 すべてをこおらせる雪女

あなたは雪女。息をふきかけるだけでなんでもこおらせてしまうわ。
どれくらいの時間でこおらせた？

1 1秒くらい
2 1分くらい
3 30分くらい

テスト14 なぞの幽霊屋敷

あなたはうわさの幽霊屋敷にやってきたよ。見てびっくり。
その家にはどんな特ちょうがあったと思う？

1 10階建てくらいの高い家
2 窓がひとつもない家
3 ガラス張りの家

診断はつぎのページを見てね！

A12 あなたの裏キャラは？

1 マイペースタイプ
まわりと上手にやっていけるけれど、本当は、決められたことを守るのが苦手で、マイペースね。

2 やせがまんタイプ
まわりの人のことを考えすぎて、本音を言えずにやせがまんしているみたい。ときにはズバッと言っていいのよ。

3 ちょっと天然タイプ
大きな目標を持ってがんばろうとしているけど、ちょっとぬけているところもあるみたい。そんなところも魅力ね。

4 注目されたいタイプ
心の片すみで、めだちたいという気持ちがふつふつとわいているわ。注目されて、一目おかれたいと思っているの。

A13 あなたの友情は長続きする？

1 そこそこ長続きするタイプ
友だちと合うかどうかを、最初に直感で見分けるあなた。いちど育みはじめた友情はそこそこ長続きするわ。

2 あまり長続きしないタイプ
だれとでもすぐに仲よくなれる社交的なあなた。そのぶん、特定の友だちとの友情は長続きしにくいみたい。

3 長続きするタイプ
だれとでもじっくりと向き合おうとするあなた。いちど友だちになったら、長く友情を育んでいくタイプよ。

A14 あなたのひねくれ度は？

1 ひねくれ度50%
あなたのひねくれ度は中くらい。いつもは素直だけど、ときどきひねくれるわ。気をつけようと思うだけで変わるはず！

2 ひねくれ度90%
あなたは自分の気持ちと反対のことをしてしまう、ひねくれ度ナンバーワンのタイプ。心の奥にある素直さを出してみて！

3 ひねくれ度10%
あなたはほとんどひねくれていないタイプよ。自分の気持ちに素直になれているわ。これからも素直な心を大切にね。

テスト 15 友だちのオーラは何色？

特定の友だちを思い浮かべてね。その友だちがまち合わせ場所に走ってやってきたわ。そのとき、友だちの体のまわりにオーラが見えたの。それはどんな色だと思う？

① 黄

② 緑

③ 青

④ 紫

診断はつぎのページを見てね！➡

27

A15 あなたは友だちを信用している?

① イマイチ信用できない

あなたはその友だちのことを好きなんだけど、信用しきれていないわ。いっしょにいるとたのしいけれど、相手に対して「わがまま」とか「軽い」とか、マイナスの感情をどこかでいだいているのかも。

② とても信用している

あなたはその友だちのことを、とても信用しているわ。いっしょにいることで心がおだやかになり、理想的な友情をきずけると感じているの。おとなになってからも親友同士でいられそう。

③ 心から信用している

あなたはその友だちに対して、心の底から信頼感をいだいているわ。責任感が強いから、まちがいをおかすことはありえないと思っているの。友だちというより、一目おいている存在ね。

④ 信用しているけど、なぞも多い

あなたはその友だちのことを、基本的に信用しているわ。ただミステリアスに感じている面もあるので、完全に信用はできていないかも。少しずつ距離を縮めていけば、変わりそうよ。

不思議な雨

不思議な現象がたくさん起きるという公園の池でボートに乗ったよ。
友だちとふたりで乗っていたら、晴れているのに、
自分たちのボートにだけ雨が。あなたはどうなった？

① ずぶぬれに
なった

② 少しぬれただけ

③ なぜかまったく
ぬれなかった

PART1 友だちとの関係をチェック！

わたしをあやつるペン

あなたは絵を描こうとしているわ。するととつぜん、
ペンが勝手に動きだしたの。あなたはどんな絵を描いた？

① 空を飛ぶ
鳥の絵

② 海の絵

③ 家の絵

診断はつぎのページを見てね！ ➡

A16 あなたの協調性は？

1 協調性：高

あなたは協調性の高いタイプ。クラスやグループでは、みんなと力を合わせてがんばるので、まわりからもたよりにされるみたい。

2 協調性：中

あなたの協調性は中くらい。基本的にはマイペースでいきたいけれど、いざというときは、チームワークを大事にしてがんばるわ。

3 協調性：低

あなたは協調性の低いタイプ。つねに自分のペースでやりたいと思っているの。でも、チームワークが必要なときには、まわりに合わせてみて。

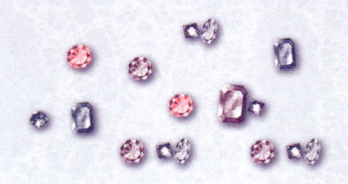

A17 あなたの友情裏切り度は？

1 裏切り度80%

あなたは人にお願いされても、自分の都合が悪いと、あっさり裏切ってしまうところがあるわ。相手に合わせるよう、がんばってみて。

2 裏切り度50%

あなたは基本的には友情を大事にしているけれど、自分にとってどうしても優先したいことがあれば、迷った末に裏切ってしまいそう。

3 裏切り度10%

あなたはいちどたのまれたことは、なにがあってもやりとげ、決して友だちを裏切らないタイプ。とても信頼されているわ。

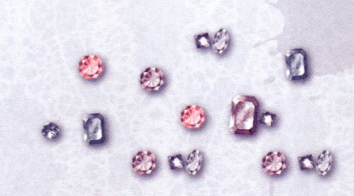

テスト 18 廃病院はいびょういんの温度計おんどけい

廃病院はいびょういんのひんやりとした部屋へやを探検中たんけんちゅうのあなた。
とつぜん、温度計おんどけいの目盛めもりが上がってきたわ。何度なんどになった？

 20℃　　 30℃

 40℃

テスト 19 焼却炉しょうきゃくろのけむり

学校の焼却炉しょうきゃくろで木の枝えだやゴミを燃もやしたら、煙けむりが不思議ふしぎな形に
変化へんかしたわ。どんな形だと思う？

① 人の顔の形　　　② 打ち上う あげ花火はなびの
　　　　　　　　　　　　　ような形

③ 文字の形

テスト 20 さんずの川かわに咲さく花

あなたは夢ゆめの中で、さんずの川かわのほとりにいるわ。すぐそばに
花畑はなばたけがあるのだけれど、咲さいているのはなんの花だと思う？

① ひまわり　　　　② ラベンダー

③ 白いバラ　　　　④ 色とりどりのチューリップ

診断しんだんはつぎのページを見てね！➡

診断結果

A18 友だちに対するやきもち焼き度は？

1 やきもち焼き度：低
あなたの独占欲は低め。友だちがほかの子と遊んでいても、そんなに気にならず、たのしく過ごせるわ。

2 やきもち焼き度：中
あなたはそこそこ独占欲が強いほう。友だちがほかの子と遊んでいると、イライラしちゃうみたい。

3 やきもち焼き度：高
あなたは独占欲がとても強く、友だちがほかの子と話しているだけでやきもちを焼いてしまうみたい。

A19 あなたのさみしがりや度は？

1 さみしがりや度：高
あなたはかなりのさみしがりや。いつもだれかがそばにいてくれることで、心が満たされ、安心できるの。

2 さみしがりや度：低
あなたのさみしがりや度は低め。ひとりの時間もたのしめるので、そばに人がいなくても平気なタイプよ。

3 さみしがりや度：中
あなたはまあまあさみしがりや。ひとりの時間もたのしめるけれど、ときどき人恋しくなってしまうことも。

A20 まわりからどんなふうに見られている？

1 明るい人気者
あなたの笑顔には、みんなを元気にする力があるの。いつでも明るい人気者だと思われているわ。

2 親しみやすいいやし系
あなたは親しみやすい雰囲気を持っているタイプ。人を引きつける、いやし系ガールだと思われているわ。

3 おとなガール
あなたは女子力が高く、どこかおとなっぽい雰囲気を持っているの。あこがれの存在だと思われているわ。

4 ギャップが魅力
あなたはしっかり者だけど、ちょっと天然な面もあるみたい。そのギャップが、魅力的だと思われているわ。

幽霊を見て失神…！

留守番をしていたら、ふいにうしろからあなたをよぶ声が。
ふり返ってみると、血まみれになった幽霊が目の前に立っていたの。
ショックで失神したあなた。どんなかっこうでたおれた？

1 うつぶせ

2 あおむけ

3 足をのばした横向き

4 足を曲げた横向き

診断はつぎのページを見てね！ ➡

33

A21 親友が見つかる場所は？

❶ クラスや図書室で

はずかしがりやで繊細なあなたは、学校の教室や図書室など、あなたがよく行く場所で親友が見つかりそうよ。心を許せる相手が見つかったら、じっくりと仲を深めていけるの。

❷ 習いごとなどの出かけ先で

積極的でめだつのが大好きなあなたは、習いごとや買い物など、出かけた先で親友が見つかりそうよ。活動範囲を広げることで、新しい情報を入手でき、たのしく盛り上がれるわ！

❸ 遠足や運動会などの学校行事で

協調性があり、仲間を大事にするあなたは、クラスや学校での集まりの場で親友が見つかりそう。学校行事がきっかけで仲を深め、いつの間にか親友同士になっていそう。

❹ クラブ活動や係の場で

シャイであまえんぼうな面があるあなたは、クラブや係、委員会活動などの場で親友が見つかりそう。同じ目的を持った人たちが集まるので、自分の力を発揮でき、気の合う相手が見つかりそう。

テスト22 写真を撮ったら足が消えた！

写真を撮ろうとした瞬間、目の前にヒトダマがあらわれたわ。写った写真を見たら、あなたの足が消えていたの。自分で描き足すとしたら？

① まっすぐ立っている

② ヘンながにまた

③ 片足をあげる

テスト23 密室に閉じこめられたら…？

密室に親友とふたりで閉じこめられ、停電になったわ。
あかりがつくまで、あなたはどうする？

① 壁にもたれてまつ

② ドアにもたれてまつ

③ 床に座ってまつ

テスト24 窓の外に見えたものは？

家族旅行の帰り、車でトンネルの中を走っているとき、
窓の外にありえないものを見たの。それは？

① ライオン

② だれも乗っていない車

③ 男子中学生の集団

④ 血まみれの少女

診断はつぎのページを見てね！ ➡

35

A22 あなたの自己アピール度は?

1 自己アピール度:低

あなたは、積極的に自己アピールをしないタイプ。ありのままの自分を出し、いつかそれを認めてくれたらいいなと思っているの。

2 自己アピール度:高

あなたの自己アピール度はかなり高いわ。ただ、やりすぎて空回りするタイプ。小出しにするとウケもよくなりそう。

3 自己アピール度:中

自己アピールをしたり、しなかったり、の気まぐれタイプ。本当はどうしたいのか、まわりからもなぞめいていると思われているかも。

A23 あなたは人にたよるタイプ?

1 いざとなったらたよる

あなたは基本的には自分でがんばろうとするタイプよ。でも、場合によっては、人にたよってしまうこともありそう。

2 たよられるリーダータイプ

あなたはピンチの場面でも自力でなんとかしようとするタイプ。リーダーシップもあるので、なにかとたよられるわ。

3 たよりたいタイプ

あなたはピンチになったら人の助けをまつタイプよ。なにかあったら、まわりにたよりたいと思っているわ。

A24 男子とも友情が成立する？

① 成立しない

あなたは、男子との友情は成立しないと思っているわ。人はとつぜんだれかを好きになるし、その気持ちをコントロールすることはむずかしいと、本能的に感じ取っているからよ。

🍬 🍭 🍬 🍭　🍬🍭　🍬

② 成立する

あなたは、男女の友情は成立すると思っているわ。男女関係なく、相手になにかをしてもらったらお返しをするなど、人と人とのキズナを強めていくことを大切に考えているの。

🍬 🍭 🍬 🍭　🍬🍭　🍬

③ 相手によっては成立する

あなたは、男女の友情が成立するかどうかは相手しだいだと、本能的に感じているわ。最初は友情を育んでいても、急に異性として意識しはじめ、恋に変わってしまうこともありそう。

🍬 🍭 🍬 🍭　🍬🍭　🍬

④ よくわからない

男女の友情が成立するかどうか、あなたは、まだよくわからずに結論が出せないでいるみたい。これからたくさんの異性と接していくうちに、しだいに考え方が決まってくるはずよ。

ドッペルゲンガーが着ていた服は？

友だちが、あなたのドッペルゲンガー（もうひとりのあなた）を見たと言うの。そのあなたの分身はどんな服を着ていたと思う？

1 スポーティでかわいい服

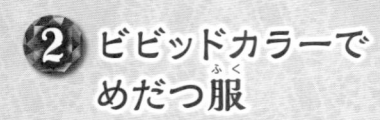

2 ビビッドカラーでめだつ服

3 最新のブランド服

宇宙人が来た！

高原に遊びに行くと、空がみるみる暗くなり、目の前に
UFOが降りてきた！
宇宙人はあなたになんと言った？

①「アナタ、
　ワタシトイッショニ
　宇宙ニ行キマショウ」

②「アナタノ
　スキナ食べモノハ、
　ナンデスカ？」

③「アナタオシャレ♡
　ステキデスネ」

診断はつぎのページを見てね！ ➡

A25 あなたのケンカの原因になるものは?

1 物

物を借りたとき、いつまでも返さないなど、ルーズなことをすると、ケンカに発展しやすいの。約束をきちんと守るようにしてね。

2 言葉

人の言うことをきちんと聞かず、キツいことを言ってしまうと、ケンカに発展。相手の気持ちを考えながら話せばだいじょうぶよ。

3 態度

人につめたい態度をとると、ケンカに発展しやすいの。なにかをしてもらったら、「ありがとう」とお礼を言うことからはじめるといいわよ。

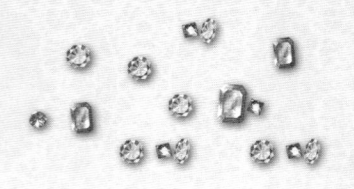

A26 あなたの仲直りテクニックは?

1 すぐにあやまる

友だちとケンカをしてしまったら、時間をおかずにすぐにあやまって。相手の出方をまっていると、チャンスをのがしてしまうわ。

2 メールや手紙であやまる

ケンカをしてしまったら、メールや手紙など、気持ちを文章にして伝えて。頭の中で言葉を整理できるので、気持ちが伝わりやすいの。

3 友だちに仲介をたのむ

ケンカをしてしまったら、ほかの友だちに間に入ってもらうのがいいわ。誤解がきちんととけるよう、協力してもらって。

PART 2

あなたの恋愛をチェック！

あなたのトキメキ恋愛診断

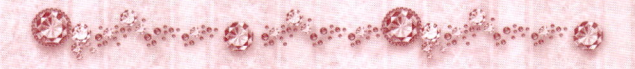

あなたに合う男の子って、どんな人？
ここでは、恋愛に関する心理テストを紹介するよ。
あなたの理想の恋愛がわかるかも。
さあ、診断しちゃおう！

シミュレーションテスト
恐怖の夏祭り

この物語は、あなたが主人公（明香里）になり、話が進んでいくよ。
設問にこたえながら読み進めていってね。

登場人物

主人公

明香里

小5女子
あなた

沙里

小5女子
あなたの親友

春斗

小5男子
明るくて人気者

陸

小5男子
春斗の親友

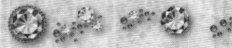

　わたしは明香里。小学5年生。同じクラスの春斗くんが好きなんだけど、春斗くんはわたしの気持ちに気づいていないの。勇気を出して告白したいけど……。

　そんなとき、近くの神社のお祭りに4人で行こうという話になったの。4人というのは、わたしと親友の沙里と、春斗くんと、春斗くんの親友の陸くん。たのしみ〜♪

　お祭りの前日、沙里からメールが来た。

沙里
明日こそ、春斗くんに告白するんでしょ？

明香里
う、うん。ドキドキする〜。できるかな…

沙里
チャンスつくってあげるから、がんばりな！

明香里
うん、がんばる♥

鳥居のそばで3人をまつわたしはすでにドキドキ……。すると、沙里が最初に到着。
「明香里、その髪形かわいい〜」
「えへ、ありがと」
ふたりでしゃべっていると、すぐに春斗くんと陸くんがやってきた。
「さ、行こうぜ」
春斗くんはそう言ってわたしの肩をポンとたたいた。その瞬間だった。ものすごくまぶしい光が春斗くんの体をつつんだの。

Q1
その光の
色は何色
だったと思う？

❶ 赤
❷ 青
❸ 金
❹ 虹色

　すると、その光はすぐに消えた。春斗くんの体に変化はなく、いつもどおりだ。いまのはなんだったんだろう……と不思議に思いつつ、いろんな出店を見ながら歩いているとき、わたしはアクセサリー屋さんのクマのストラップにクギづけになった。

「かわいい～！」

　春斗くんは、わたしの顔を見てニコニコしながら「買っちゃお」と、クマのストラップをふたつ買った。春斗くんはストラップをそのまま自分のポケットにしまいこんだ。

（え……!?）

　わたしはガッカリして、少し泣きそうになった。だれか別の女の子にプレゼントするのかも……。わたしは、春斗くんから一歩はなれた。

そのときだった。わたしと春斗くんとの間に、体が半分すけた幽霊があらわれた……！

「キャッ！」

『サワグナ。ワタシの姿は、いま悲しみを感じているアンタにしか見えないのさ』

「え、なに……？」

Q2 幽霊が「アンタの弱点、ズバッと言ってやろうか？」と言った。グサッ！幽霊が言った言葉はつぎのうちどれ？

1「気合いが入っているのは最初だけ。途中で投げちゃダメだ」

2「やることがノロいんだよ。さっさとやりな！」

3「やる前からビビってどうする。おくびょう者め！」

4「だれにでもいい顔してんじゃないよ。お調子者が」

45

毒舌の幽霊はいつの間にか消えていた。

「ねえ、あっちにわたがしがあったよ。買いに行かない?」

沙里の提案に全員賛成。人ごみをかき分けながら歩いていたら、春斗くんが変な声を上げた。

「へっ!?」

春斗くんが指さすほうを見たら、そこには……。

「うそでしょ」

「……ドッペルゲンガー?」

「ドッペルゲンガーを自分で見たら、死ぬ……んだよね……?」

Q3 そこで見たのは、4人のうちだれかにそっくりな人だった。それは、4人のうちだれだと思う?

1 明香里（あなた）　2 春斗

3 沙里　4 陸

わたしたちは身動きができなくなり、そっくりなその子を目で追った。しかし、その子はすぐに人ごみにまぎれてしまった。

「こわい……」

「だ、だいじょうぶだよ」

わたしたちは顔を引きつらせながら、わたがし屋さんに向かった。そのとき、春斗くんの指がわたしの指に当たった。ドキッ。春斗くんの顔を見たら、いつもと変わらない。いまのって？　沙里と陸くんがわたしを見てニヤニヤしてる。はずかしくて目をふせたら、つまずいて転んでしまった。

「いたたた……」

顔を上げると、そこは真っ暗で、だれもいなかった。

「え、なに？　こわいよ。ここはどこー？」

Q4 どうやら、明香里（あなた）は異空間に入りこんでしまったみたい。それはどこだと思う？

1 夜の教室　　2 夜の海

3 夜のつり橋　　4 夜の花畑

「助けてぇ————っ！　だれかぁ———！」

　わたしは思い切りさけんだ。そのとき、遠くから春斗くんの声が聞こえた。

「明香里———っ！」

　わたしはすわりこんだまま、うす明かりの中、手さぐりで進んだ。そのとき、手になにかが当たった。手に取り、よく見てみると、さっき春斗くんが買ったクマのストラップだった。つぎの瞬間、春斗くんの手がわたしの手首をつかみ、強い力でひっぱられた。

気づいたら、わたしは春斗くんの手をつかんだまま、地面にたおれていた。沙里が心配そうにわたしの顔をのぞきこんだ。

「明香里、だいじょうぶ？ なかなか起き上がらないから心配しちゃったよ。ほら、わたがし買うよ」

「沙里、わたし、さっき……」

言いかけたけど、わたしは口をつぐんだ。心配させるだけだと思ったから。

4人でわたがしを買い、食べようとしたとき、夜空に花火が上がった。

シュルシュルシュル〜〜〜!!

Q5 その花火はどんな花火？

1 赤の大輪の花火

2 文字が浮かぶ花火

3 すすきのようにたれてくる花火

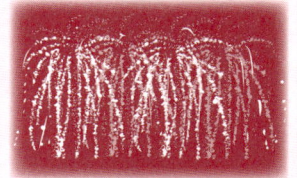

4 小さな花火が続けてたくさん上がる

「きれい〜〜♥」

「きゃ〜〜。最高！」

　そのとき、春斗くんがわたしの左手をにぎった。持っていたク
マのストラップごと。春斗くんは花火を見たまま、少しほほえん
でいた。

「えっ？　これ、返さないと……」

　春斗くんは、わたしの手をにぎったまま言った。

「ストラップ、明香里とペアのが欲しくて買ったんだよ。これを
わたしながら告白しようと思ってたのになー。なぜかわたす前
に持ってるし(笑)」

「うそ……」

　わたしは心臓がドクンドクンと鳴っているのが自分でもわかった。そのとき、春斗くんがわたがしで顔をかくし、わたしのほっぺにチュッとキスをしてくれた。びっくりして、耳の先まで熱くなるのを感じた。きっといま、わたしの顔は真っ赤になってる！

　でも、沙里と陸くんは気づいてないみたい。

「あっ、そーそー。さっきのドッペルゲンガー、あれ、ただのそっくりさんだったよ」

「え———っ！　まじビビったよ」

「よかったぁ」

　わたしは翌日から、かばんにクマのストラップをつけて登校している。春斗くんとおそろいの♥

診断表

Q1からQ5までのこたえを、下の表にあてはめて、合計の点数を出してみて。診断はつぎのページを見てね。

	①	②	③	④
Q1	7	5	3	1
Q2	3	7	5	1
Q3	7	3	5	1
Q4	7	5	3	1
Q5	3	7	5	1

合計点…（　　　　　）

10点以下 …… **診断A**
11〜16点 …… **診断B**
17〜22点 …… **診断C**
23〜28点 …… **診断D**
29点以上 …… **診断E**

A27 どんな男の子があなたに合う?

診断 A 頭の回転の速いお笑いタイプ

あなたは軽やかで、好奇心の強い人ね。好きな人とは、たのしくて笑いにあふれた時間を過ごしたいと思っているわ。そんなあなたに合うのは、頭の回転の速いタイプ。機転のきいた受けこたえができ、ジョークやお笑いネタを盛りこんでくるカレなら、おしゃべりしているだけでもあきないの。知的好奇心をくすぐられると盛り上がるふたりだから、おたがいに最新情報を交換し合うことで、たのしいデートを重ねていくことができそうよ☆

診断 **B** 社交上手でスマートな王子様タイプ

あなたはだれとでも仲よくできるやさしい人ね。そんなあなたに合うのは、あなたをレディとして上手にエスコートしてくれるような、スマートな王子様タイプよ。清潔感があって、おしゃれで、礼儀正しく、ケンカなどとは無縁のやさしいカレとは、いっしょにいるだけで、おしゃれでぜいたくな気分になれるの。あらそいごとが苦手なふたりだから、どんなピンチに立たされても、上手に切りぬけられるわ。デートはおしゃれスポットがおすすめ！

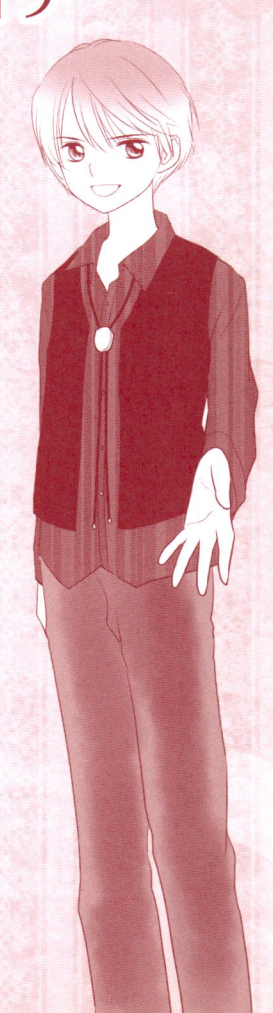

診断 α ドラマチックな リーダータイプ

あなたは天真らんまんでエネルギッシュな人ね。そんなあなたに合うのは、純粋な愛情を持ち、気持ちに正直に行動するタイプよ。ドラマのようなくさいセリフも大好き。自分に自信を持っていて、いつでも堂々とふるまい、あなたをガンガンひっぱってくれるわ。同級生にも一目おかれるような存在だから、カレのそばにいるとほこらしさを感じ、幸せ度がアップ！　カレの長所をほめてあげると、ますますラブラブなふたりになれそう♥

診断 D 全力であなたを守る 愛情深いタイプ

あなたは人の気持ちを考えて行動する心やさしい人ね。そんなあなたに合うのは、自分をぎせいにしてでも好きな人を守ろうとする、愛情深いタイプよ。カレはなにげなく体調を気づかってくれたり、こまっているとすぐに助けてくれたりするの。ただ、気が弱いところがあり、ストレートな愛情表現は苦手。愛情が深い分、いちどでも裏切られると、はげしく落ちこんでしまうので、よそ見は厳禁ね。

まじめで 責任感の強いタイプ

あなたは決して人を裏切らない、誠実な人ね。そんなあなたに合うのは、堅実で落ちついたムードを持つ、まじめなタイプよ。カレはいちずで、いったん好きになったら、ひとりの相手をずっと愛しぬくの。ただし行動力がイマイチで、すごく好きでもアプローチができず、交際に持ち込むまでに時間がかかるのが弱点。きっかけさえあれば一気に進展するので、あなたから勇気を出してプッシュしてみて！

なぞの電話ボックス

入ると異空間へ移動してしまうという電話ボックスがあるわ。
あなたはどんなふうにして扉を開ける？

1 ゆっくりと開ける

2 いきおいよく
開ける

3 こわして開ける

不気味なエレベーター

目の前に3台の変わったエレベーターがあるわ。そのうちの1台に
乗ると、地獄に行ってしまうの。あなたはどれをえらぶ？

1 全面鏡張り

2 壁がトゲだらけ

3 壁に花の絵が
描いてある

{A28} あなたのお姫様度は?

1 お姫様度90%

あなたはカレにひっぱってもらいたいお姫様タイプ。デートもカレのリードにまかせ、ついて行きたいと思っているわ。

2 お姫様度50%

あなたのお姫様度は中くらい。カレにリードされるのもいいけど、ふたりは対等でいたいという気持ちも強いの。

3 お姫様度10%

あなたのお姫様度はかなり低いわ。あなたはカレにリードされるより、マイペースでいきたいと思っているみたい。

{A29} あなたは恋にいちずなタイプ？

1 いちず度20%

あなたのいちずさはかなり低め。好きなカレがいても、ほかの人にアプローチされると、すぐに心変わりしてしまいそう。

2 いちず度90%

あなたは恋にとてもいちずね。複数の男子にアプローチされても、自分が大好きなカレをひとすじに愛し続けるわ。

3 いちず度50%

あなたのいちずさは中くらい。大好きなカレがいても、ほかの男子の強引なアプローチには、心がゆれてしまうわ。

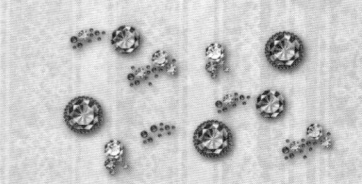

テスト30 リモコンがこわれたら…？

古い旅館の部屋がさむいのでエアコンをつけようとしたわ。
でも、リモコンがこわれていうことをきかないの。どうする？

❤1 分解してみる　　❤2 たたいてみる

❤3 あきらめる

テスト31 毒りんごはいくつある？

大きく枝を張った毒りんごの木の絵があるわ。
その木に毒りんごはいくつなっている？

❤1 3個以下　　❤2 4〜9個　　❤3 10個以上

テスト32 幽霊船に乗って…

あなたはいつの間にか、幽霊船に乗ってしまったの。
最初にあなたの前にあらわれたのは？

❤1 おばけの船長　　❤2 血まみれの掃除係の男

❤3 金色の目の小さな女の子

診断はつぎのページを見てね！ ➡

診断結果

A30 あなたはだまされやすいタイプ？

1 だまされやすい
自分が正しいと思いこんで解決しようとする、いちばんだまされやすいタイプね。まわりの意見も聞いてみて。

2 どちらともいえない
自分でアクションを起こすけど、周囲のアドバイスを引き出そうという気持ちも持っているわ。

3 だまされにくい
覚悟して冷静に状況を見きわめる分、だまされにくいわ。でも、自分はだいじょうぶと油断しすぎないようにね。

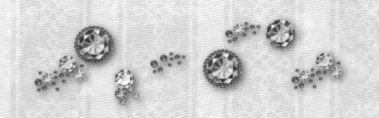

A31 あなたのやきもち焼き度は？

1 やきもち焼き度90%
あなたのやきもちは深い愛情の裏返し。いちずに好きになるから、やきもちをはげしく焼いてしまうのね。

2 やきもち焼き度20%
あなたのやきもち焼き度は低め。まったく気にしないわけではないけれど、気にしてもしかたないと思っているわ。

3 やきもち焼き度60%
まあまあ高めのやきもち焼きね。気にしないようにしているけれど、不満がたまるとバクハツしちゃうかも!?

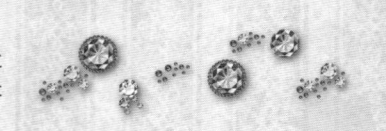

A32 あなたのモテない度は？

1 モテない度20%
あなたはかなりモテるタイプね。とても魅力的なあなたを、男子はほうっておかないかも。

2 モテない度90%
あなたのモテない度はかなり高め。でもなにかひとつ得意なことを見つけると、急に人気がアップしそうよ。

3 モテない度50%
あなたのモテない度は中くらい。そのままでも魅力的だけど、男の子より女の子にモテちゃうタイプね。

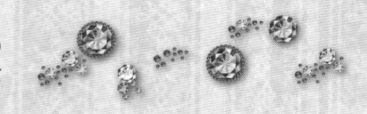

夢の中のお告げ

あなたは夢を見ているわ。ご先祖様らしき人があらわれて、
「金の箱をさがしなさい。その中には○○があるから」と言って消えたの。
○○のところが聞こえなかったのだけど、なんだと思う？

1 宝の地図

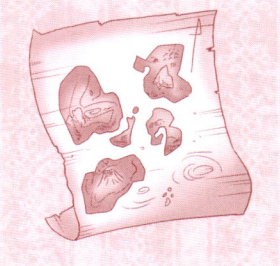

2 スマホ

3 宝くじ

4 人形

診断はつぎのページを見てね！ ➡

61

A33 あなたにピッタリの告白方法は？

1 みんなの前でだいたん告白！

冒険心が強いあなたは、恋の告白もだいたんにするのがピッタリ！　人がいる前で「好き」と告白すると、カレはハートを打ちぬかれちゃいそう。自分の素直な気持ちをぶつけるのがカギよ。

2 冗談っぽくサラリと告白

流行に敏感でサッパリしているあなたは、恋の告白も軽いノリでしちゃうのがピッタリ。おしゃべりの途中に「好きかも〜」なんて、サラリと言ってみて。カレ、急にドキドキしちゃうわよ。

3 プレゼントをそえて手紙で告白

しっかり者だけどひかえめなあなたは、手紙で告白するのがピッタリ。カレの好きなおかしなど、プレゼントをそえると、さらに効果的よ。手紙ではいちずさをアピールして。

4 お願いごとをしてお礼と同時に告白

ちょっとあまえん坊だけど、とてもやさしいあなたは、カレにお願いごとをして、それをやってくれたお礼のあとに、告白するのがピッタリ。カレを必要としていることをアピールして。

テスト 34 わたしの白いドレスが…！

悪魔にとりつかれてしまったカレ。そんなカレが、あなたの白い
ドレスを一瞬で変えてしまったの。どんなふうに？

1 制服

2 エプロン

3 スポーツ
ウェア

4 花柄の
ドレス

テスト 35 夜中に聞こえる奇妙な音

ある夜のこと。寝ていたら、鳴るはずのない音が聞こえたわ。
それはどんな音だと思う？

1 ピシャピシャという
水のような音

2 コンコンという
木のような音

3 リンリンという
鈴のような音

診断はつぎのページを見てね！➡

診断結果

A34 カレにとって、あなたの存在は？

1 いい友だち

カレにとっていまのあなたは、いい友だち。あなたやほかの友だちと過ごすのがたのしくて、学校生活をエンジョイできているわ。

2 いやしてくれる人

カレにとって、いまのあなたは、自分をいやしてくれる存在。いっしょにいると、心が安らぎ、のびのびとしていられるみたい。

3 元気をくれる人

カレにとって、いまのあなたは元気をくれる人。へこんだときには、やさしくしてくれるだけじゃなく、パワーももらえると感じているわ。

4 ドキドキさせてくれる人

カレにとって、いまのあなたはとても魅力的。そばにいるだけでドキドキしちゃうみたい。もしかしたら、告白されちゃうかも♥

A35 あなたの小悪魔女子度は？

1 小悪魔女子度50%

あなたの小悪魔女子度はまあまあ。男の子に積極的にアプローチされると、ハマってしまうタイプよ。ふりまわすより、ふりまわされるほうかも。

2 小悪魔女子度20%

小悪魔女子度は低め。あなたはモテるけど、好きな人にいちずなので、ほかの男の子はあなたのことをいいなと思っていても、あきらめちゃうの。

3 小悪魔女子度90%

あなたの小悪魔女子度はかなり高いわ。魅力的でみんなにやさしいので、「ぼくのこと好き?」って、かんちがいしちゃう男の子も少なくないわ。

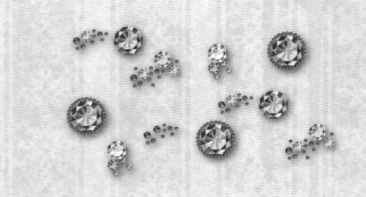

テスト36 ゾンビが出てきた！

ひとりでテレビを見ていたら、とつぜん画面が消えたかと思うと、画面からゾンビが出てきた！　それはどんなゾンビ？

1 イケメンの
ゾンビ

2 美人の
ゾンビ

3 かわいい
犬のゾンビ

テスト37 幽霊にナンパされた！

あなたがひとりで道を歩いていると、足のない男の幽霊に声をかけられたわ。なんと言われた？

1 「だいじょうぶ？
　　カゼひいてない？」

2 「ボクと最高に
　　ハッピーなデートしない？」

3 「新しくできた遊園地、
　　いっしょに行かない？」

4 「きみの好きなもの、
　　食べに行かない？」

診断はつぎのページを見てね！➡

65

A36 あなたは恋でどんな損をする?

1 ガツガツしていると思われる

あなたは豪華でハデなものにひかれるタイプ。お金をかけたデートじゃないと満足しないと思われて、損をしているわ。

2 八方美人と思われる

あなたはだれにでもやさしくできる人。八方美人すぎて、本当に好きなのはだれなのかわからないと思われているわ。

3 あまえすぎと思われる

あなたはかわいくて、あまえ上手。つき合うと、かぎりなくあまえてきて、つかれそうと男の子に思われているかも。

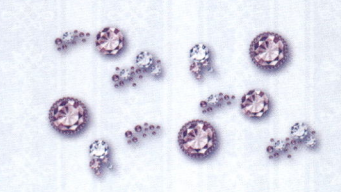

A37 あなたがハマリがちな残念な男子とは?

1 すぐ泣くメソメソ男子

やさしい言葉に弱いあなたがハマりやすいのは、やさしいけれど、ちょっとつめたくしたら、すぐに泣いてしまうメソメソ男子よ。

2 自己中なドS男子

リードしてくれる男子が好きなあなたがハマりやすいのは、自分の思いどおりにいかないと気がすまない、自己中心的なドS男子よ。

3 お調子者のいいかげん男子

たのしいことが大好きなあなたがハマりやすいのは、しばられるのが苦手な、お調子者のいいかげん男子よ。

4 なかなか気づかない鈍感男子

あなたがハマりやすいのは、女心に鈍感でニブい男子。まじめで誠実なんだけど、あなたはイライラしちゃうかも。

テスト38 つり橋をわたりはじめたら…

つり橋をわたりはじめたあなた。そのとき、雨がふってきたわ。
いま、どんなかさをさしたい？

1　フリルのついたかさ　　　2　大きくて地味な
色のかさ

3　透明なかさ

テスト39 シーソーが浮いた！

友だちとシーソーに乗ろうと、あなたが最初に乗ったら、相手がまだ
乗っていないのにあなたが浮いてしまったの。なぜだと思う？

1　幽霊が
ひとり
すわったから

2　幽霊が
数人で
おさえたから

3　幽霊が
大きな石を
のせたから

テスト40 宇宙人が降りたった海辺

宇宙人が降りたったという海辺にやってきたわ。
そこにはあるものが打ち上げられていたの。それはなに？

1　本　　　　　　　　　　2　スマホ

3　ボウリングのピン　　　4　赤いくつ

診断はつぎのページを見てね！➡

A38 男子へのあまえ上手度は？

1 あまえ上手度50%

あなたはなかなかのあまえ上手。基本的にはひとりでがんばるけれど、大ピンチのときには、思いきりあまえちゃうわ。

2 あまえ上手度90%

あなたはかなりのあまえ上手。「ぼくがいないとダメなのかな」と思わせる、はかなげなムードを持っているわ。

3 あまえ上手度20%

あなたはあまえべたなタイプ。なんでも自分でがんばっちゃうので、男子からも「デキる女子」と思われていそう。

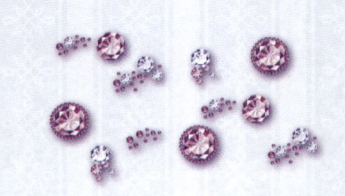

A39 つくすタイプ？ つくされるタイプ？

1 つくされるタイプ

がんばっているけど、ちょっとぬけていたり、たよりないところがあるので、男の子からつくされることが多いタイプよ。

2 つくすタイプ

好きな人にかまってほしいという気持ちが強い、つくすタイプよ。世話を焼くことで、カレとのキズナを確認しているの。

3 どちらともいえない

あなたはどちらともいえないタイプ。ときにはカレにつくすけど、カレに世話を焼いてもらうのもけっこう好きみたい。

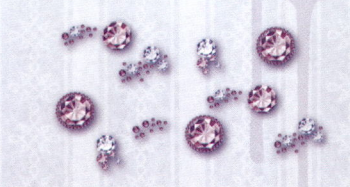

A40 カレをゲットする方法は？

1 共通の趣味にさそう

カレをゲットするには、共通の趣味を持つこと。友だちに協力してもらい、カレの趣味を調べてみて。そこから共通の趣味にさそって、仲よくなるのが確実よ。好きな食べ物の話をするのも○。

2 かけひき作戦

カレをゲットするには、恋愛テクニックを使ってかけひきするのがベストよ。好き好き光線を出してしばらくしたら、今度はクールにふるまうの。「え、どっちなの？」と、カレに思わせて。

3 グループレジャー参加から

まずはあせらずに、グループレジャーにさそい、友だちとして仲よくなることからはじめて。さりげなく特別あつかいすると、カレはあなたのことが気になってしかたなくなるわ。

4 競争心をあおる

まずは自分をみがいて女子力アップ！　カレと少し仲よくなったら、別の男の子の存在をそれとなく知らせ、カレの競争心をあおってみて。カレはがまんできず、あなたに告白してくるかも！

あなたの恋愛の本心がわかる…!?

つぎの質問に、**1** から順にこたえていってね。たどりついたところが診断よ。

1
あなたが人に対していだく第一印象は、たいてい当たっている?

ほぼ当たっている… **2** へ

当たらないことが多いかも… **3** へ

2
どっちの霊に好かれるほうがマシ?

男の霊… **4** へ

女の霊… **5** へ

3
たたりは本当にあると思う?

あると思う… **6** へ

ないと思う… **5** へ

4
異性の好きなタイプはほぼ決まっている?

決まっている… **7** へ

決まっていない… **8** へ

5
どっちがこわい?

自分のうしろにいる霊… **8** へ

自分の前にいる霊… **9** へ

6
だれにも言えない秘密がある?

ある… **10** へ

ない … **9** へ

7

だれもいない音楽室で、とつぜんピアノが鳴りだした。それは？

曲になっていないめちゃくちゃな音… **11** へ

校歌… **12** へ

8

スタジオに幽霊が出た。幽霊は何体？

1体… **11** へ

2体以上… **12** へ

10

休日はどう過ごすのが好き？

友だちと過ごしたい… **14** へ

ひとりで好きなことをしたい… **16** へ

9

自分のオーラは何色だとうれしい？

ピンク… **14** へ

金色… **15** へ

11

ひとりで教室にいたら、不思議な音が。どんな音？

ビキビキッ… **17** へ

ポクポク… **12** へ

12

あなたがこわいのはどっち？

地縛霊※1… **18** へ

浮遊霊※2… **13** へ

13

写真を撮ってもらったら、心霊写真になっていた。どっちがいや？

幽霊が写っていた… **17** へ

体の一部が消えていた… **18** へ

※1ある土地や建物などからはなれられなくなった霊のこと
※2現世をさまよっている死者の霊のこと

14

もし、幽霊に
たのみごとをされたら？
やってあげても
いい… **19** へ
やらない… **15** へ

15

どっちがいや？
一瞬だけど
超こわい思いをする… **20** へ
少しこわいのが長く続く… **19** へ

16

お守りを持つなら、
どっちがいい？
墨で書かれたお札… **20** へ
パワーストーン… **15** へ

17

あなたが霊と戦ったら、
結果はどうなると思う？
決着はすぐにつく… 診断**A**
決着はなかなか
つかない… 診断**B**

18

先生が霊にとりつかれ、
別人のように笑いだした。
その先生とは？
若い先生… 診断**B**
校長先生… 診断**A**

20

トイレの個室に入ったら、
とつぜんタイムスリップしたわ。
どこに行ったと思う？
過去… 診断**D**
未来… 診断**C**

19

あなたがとりつかれると
したら、どっちがマシ？
牛の霊… 診断**C**
ヘビの霊… 診断**D**

診断はつぎのページを見てね！➡

A41 あなたがもとめている恋愛は?

診断 A ドラマチックラブ

あなたがもとめるのは、ドキドキするような刺激的な恋。ドラマのヒロインにさせてくれるようなカレにメロメロになりそう。たとえライバルが登場しても、負けない強さを持っているわ。

診断 B 親友ラブ

あなたがもとめるのは、フレンドリーな恋。おたがいに自由に過ごしていても、いざというときには相手をなによりも優先するの。強いキズナでむすばれた親友同士みたいな恋をしたいと思っているわ。

診断 C いやしラブ

あなたがもとめているのは、おだやかな恋。いっしょにいて安心できるような人と、じっくり愛を育んでいきたいの。カレの愛情表現がときどきあれば、それだけで最高にハッピーになれそう。

診断 D 思いやりラブ

あなたがもとめているのは、思いやりにあふれた恋。おたがいを守り、守られたいと思っているの。カレがあなたへの愛情を言葉と行動でしめしてくれたら、最高に幸せを感じられそう♥

顔の一部がない おまわりさん

夜、山道を歩いていたら、道の向こうにおまわりさんが立っていた。
よく見ると、顔の一部がなかったの。どの部分がなかったと思う？

1 耳がなかった

2 頭の上半分が なかった

3 目がなかった

4 口がなかった

診断はつぎのページを見てね！➡

A42 デートに行ってはいけない場所は？

♥1 図書館、美術館

静かにしていないとダメな図書館や美術館は、デートで行かないほうがいいわ。たのしく盛り上がることができなくて、すぐに出たくなっちゃうから、あなたにとってつらいかも。

♥2 行列のできる店

あなたがデートのときに行ってはいけないのは、行列のできるお店。列にならんで順番をまつのは、あなたにとってとてもつらいこと。イライラしてケンカになってしまうわよ。

♥3 ファンシーショップ

女の子がたくさんいるファンシーショップは、デートのときに行かないほうがいいわ。カレが女の子にかこまれてニヤニヤしているのを見ると、あなたはやきもちを焼いておこっちゃいそうなの。

♥4 公園

公園にはデートのときに行かないほうがいいわ。アトラクションがほとんどないから、おしゃべりがとぎれると、気まずくなりそう。見ているだけでたのしめるようなところに行くといいわ。

テスト43 何番目にとりつかれる？

とある授業中、とつぜん友だちの顔つきが変わり、「いまから、おまえたちに順番にとりついてやる！」とさけんだ。あなたは何番目？

1 2番目
2 3〜9番目
3 10番目以降

テスト44 開かずの部屋で香りが！

あなたは開かずの部屋に入ってしまったの。なにもないのに、ふいに香りが。それはどんな香り？

1 花の香り　　2 線香の香り　　3 動物のにおい

テスト45 ポルターガイストで部屋が…

部屋にひとりでいると、とつぜん部屋の中の物が動きだした。ポルターガイストだわ。あなたの部屋のダメージは？

1 本棚の本がすべて落ちた
2 あかりが消えて真っ暗になった
3 机やいすがひっくり返った
4 電気製品がピーピーと鳴りだした

診断はつぎのページを見てね！

Q43 あなたは一目ぼれしやすいタイプ？

1 一目ぼれしやすいタイプ

あなたは直感で相手を見きわめて判断してしまうタイプね。一目で恋に落ちることがけっこう多いといえるわ。

2 一目ぼれしにくいタイプ

あなたは少し時間をかけて相手を見きわめるタイプ。友だちとしてつき合ううちに、しだいに好きになっていくわ。

3 どちらともいえない

あなたは一目見ていいなあと思っても、そのあとで迷ってしまうことが多いみたい。なかなか結論を出せないタイプよ。

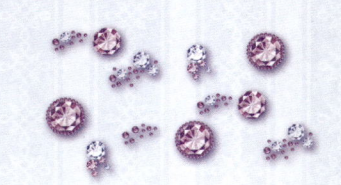

Q44 あなたの失恋パターンとは？

1 自然消滅

片想いの場合は告白しても交際せずに終わり、交際中の場合はなんとなく会う回数がへり、そのまま消滅してしまうわ。

2 自分に好きな人ができて

いまのカレと仲よくしているのに、あなたに好きな人ができてしまい、いまのカレとはなれることになるパターンが多そうよ。

3 カレに好きな人ができて

あなたはカレのことが大好きなのに、カレにほかに好きな女の子ができてしまい、ふたりの恋が終わってしまうかも……。

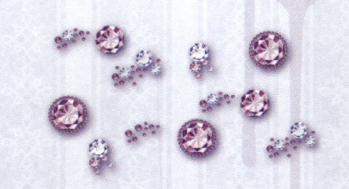

A45 あなたの恋愛ドロドロ度

1 三角関係でドロドロ

大好きなカレの前にかわいい女の子が出現し、カレの心が大きくゆれることがありそう。すぐに決着がつかなくて、3人でもめてしまうかも。結果を素直に受け入れることが大切よ。

2 ドロドロに気づかない

あなたはトラブルが起きても、恋のドロドロにあまり気づかないタイプ。ドロドロにならないほうだから、あえて修羅場に足をふみ入れるよりも、知らないふりをしておくのが賢明ね。

3 かなわぬ恋で気持ちがドロドロ

大好きなカレに本当は彼女がいたり、ずっと年上の人を好きになったり、かなわぬ恋に苦しむかも。でも恋をすることは、あなたにとってすてきなこと。その経験をバネにしてみて。

4 友だちとのケンカでドロドロ

あなたとカレの仲をじゃまする友だちがあらわれて、ケンカに発展することがあるかも。長引くと、友情にヒビが入ることもあるので、おたがいにとことん話し合うのがいちばんの解決法よ。

すてきな恋をするひけつ

だれもが知っているシンデレラ。もともとはグリム童話の『灰かぶり姫』がもとになっている、こわいお話なの。でも、ここで注目するのは、シンデレラの純粋な行動力。意地悪なお母さんやお姉さんに負けず、王子様と幸せをつかんだシンデレラから、恋愛テクニックを学ぶわよ。

プラスパワーを放って

姉たちのように、人をねたみ、意地悪をすると、まわりにマイナスのパワーを放ってしまうわ。そんな人にすてきな異性は近づいてこないの。相手をうらやましいと思ったら、まずは素直にほめることからはじめて、まわりの人たちを幸せにするプラスパワーを放つようにしてみて。

やさしい心が幸運をよぶ

身なりはみすぼらしくても、心やさしいシンデレラ。意地悪をしてきた姉たちを許す、広い心も高ポイント。王子様は、そんな美しい心を持つシンデレラに恋をしたのよ。

勇気を出して自分から行動！

シンデレラはチャンスを活かして舞踏会に行ったことで、見事王子様と結婚できたの。恋はまっているだけではかなわないわ。勇気を持って、自分から行動を起こす、そのパワーが恋を成功させるひけつなのよ。

テスト 46　風がはこんできたものは？

水のないプールの中に立っているあなた。
突風が吹き、ありえないものが目の前にあらわれたわ。それは？

1 まんが本　　**2** スニーカー　**3** 古いパソコン　

テスト 47　時計が反対に回る！

ただいま午前0時。とつぜん、時計の
針がぐるぐると逆回りしはじめたわ。

何時で止まった？

1 0時　　**2** 3時　　**3** 6時　

テスト 48　変身するならどれ？

あなたが30分だけ変身するとしたら、つぎのうちどれがいい？

1 ミツバチ

3 スズメ

2 チョウチョ

4 コウモリ

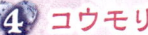

診断はつぎのページを見てね！➡

A46 あなたは結婚が早い？ それとも遅い？

1 結婚時期はふつう
あなたの結婚時期は平均的。初恋のあと、恋愛経験をへてから、幸せな結婚をするタイプ。早くもなく、遅くもないわね。

2 結婚は早め
好きな人ができると、あれこれ考えるより、すぐに行動にうつすタイプ。はげしい恋をして、早くに結婚を決めてしまうの。

3 結婚は遅め
好きな人ができても、自分から告白できなかったり、告白されても決断に時間がかかるから、結婚は遅めになりそう。

A47 あなたの恋の平均寿命は？

1 恋の平均寿命は長め
あなたはいったん好きになったら、いちずにいつまでも思い続けるタイプ。恋の平均寿命は長いほうよ。

2 恋の平均寿命は短め
あなたは恋が燃え上がるのも早いけど、さめるのも早いの。そんなあなたの恋の平均寿命はわりと短いわ。

3 恋の平均寿命は中くらい
あなたの恋の平均寿命は中くらい。恋心が自然消滅することもあるけど、好きになったら続くほうよ。

A48 あなたのかくれストーカー度は？

1 かくれストーカー度は低め
こっそりカレのことを追いかけようとしても、バレバレになって、かくれストーカーにはなりきれないタイプよ。

2 かくれストーカー度は高め
カレに気づかれないように追いかけるのが上手なタイプ。かくれストーカー度はかなり高いほうといえるわ。

3 かくれストーカー度は中くらい
カレに警戒心をいだかせず、さりげなくカレの近くにいることができるナチュラルストーカータイプかも。

4 かくれストーカー度はゼロ
カレに近づきたい気持ちは強いのに、なかなか実行できず、ひとりでもんもんとなやむタイプみたい。

PART 3

こわいほど当たる！

ドキドキ！
恐怖のうらない

今日の運勢や未来のこと、カレとの相性など、
さまざまなうらないを紹介しちゃうよ。
ひとりでやってみてもいいし、
友だちとみんなでうらなってもたのしいよ！

あなたの今日の運命数は？
悪魔と天使の
運命盤うらない

運命盤を使って、あなたの今日の運命数と運命マークを
みちびきだしてみて。悪魔と天使から
今日の運勢について、お告げがあるわ。

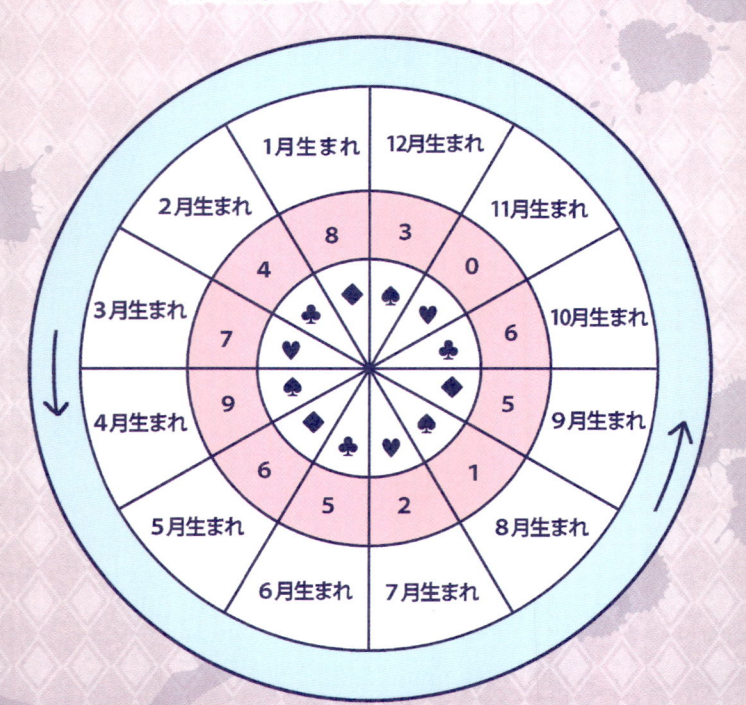

～ うらない方 ～

1 まず、運命盤のいちばん外側のわくから、あなたの誕生月をさがして。

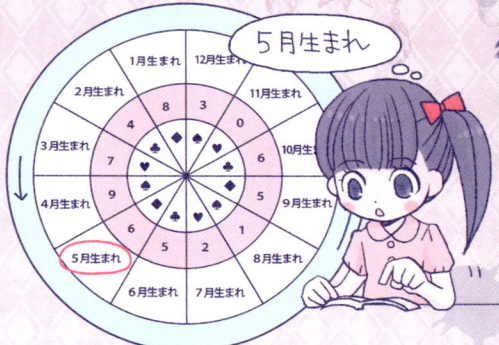

5月生まれ

2 誕生月を1日目として数えて、今日の日にちの数だけ、矢印のように時計と反対回りに進み、そこにある数字を確認して。それが今日のあなたの運命数よ。

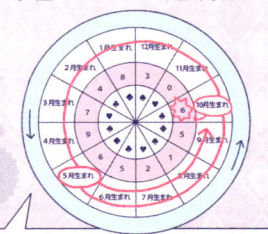

例 たとえば、あなたが5月生まれで、今日が18日なら、5月生まれのところを1と数え、18進むの。そのわくにある数字は「6」だから、今日のあなたの運命数は6よ。

3 さらに今日は何曜日？ 運命数の内側にあるマークを月曜日として、矢印のとおりに曜日分だけ進んで。それが今日のあなたの運命マークよ。

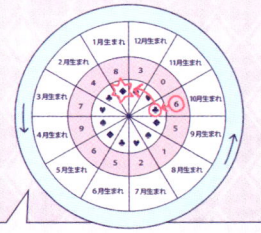

今日が木曜日なら、運命数の「6」のわくの♣から月火水木と数えると、木曜日のところにあるマークは◆。今日のあなたの運命マークは◆ということよ。

PART3

ドキドキ！ 恐怖のうらない

診断はつぎのページを見てね！ ➡

診断結果
しんだんけっか

今日の運命数でわかる
うんめいすう

悪魔からのひとことお告げ
あくま

0
友だちの秘密は、
なにがあっても
守りぬけ！

1
モジモジしているん
じゃない！　人前で
しゃべってみるんだ。

2
あまったれていては
ダメだ！
しっかりしろ！

3
フラフラしていては
ダメだ！
目標を口に出せ。

4
みんなと同じでいい
なんて思うな！
もっと個性を出せ。

5
もっとみんなを
盛り上げろ！
たのしく過ごすんだ。

6
ダサいのはダメだ！
ファッションセンス
をみがけ！

7
同じ失敗をくり返さ
ないよう、過去のミ
スを反省しろ！

8
早まるな！
よく考えてから
行動に移せ。

9
迷うことはない。
いまこそスタートを
切ればいいんだ！

今日の運命マークでわかる
天使のひとことお告げ

相手の気持ちになって
考えてみて。
きっと感謝されるわ。

あせらなくていいのよ。
しっかり準備してから
やるとうまくいきそう♪

すてきな情報をみんなに
教えてあげて。
いいことがありそう♪

自分を信じていけば
だいじょうぶ。
きっとうまくいくわ！

89

こわい夢うらない

どうしてこわい夢を見るの？

夢の多くは、あなたの中にひそむ本当の気持ちを映しだしているわ。見た夢を読みとくことで、あなたの深層心理がわかるのよ。ニコニコ笑顔でいたけど、心の底ではすごくいやだと思っていた、なんていう自分の本音に気づくことも。こわい夢は、そんな複雑な気持ちのときに見ることが多いのよ。実際にこわいことが起こるということではないから心配しないで。

こわい夢診断

夢からわかるあなたの本音

① 追いかけられる

まだ準備ができていないのに、ときがせまっている。そんなあせりを感じている状態よ。また、責任感や緊張感、不安が、「追いかけられる」という夢になってあらわれるの。

② おそわれる

あなたは強い恐れをいだいているわ。実際にこわい思いをしたときに見ることも多いの。また、凶悪な犯人におそわれるのは、あなた自身がなんらかの罪悪感をいだいていることをあらわすわ。

③ 落ちる

失敗やトラブルへの不安をいだいているときに見る夢よ。人間関係でトラブルが起きる、成績が落ちる、挑戦をだれかにじゃまされる、というような事態を恐れているの。

④ おぼれる

自分だけが取り残されるのではないかという不安や、孤独感に苦しんでいるみたい。ただ、おぼれても助かれば、うまくいくサイン。おぼれ死ぬ夢を見たら、近いうちにかかえていた問題が解決する前兆よ。

⑤ 火事になる

火は、すべてを焼きつくす破壊的な力を意味するの。家が燃える夢を見たら、家族に幸福がおとずれるサイン。受験の成功や臨時収入など、心が浮き立つようなハッピーな出来事がまっているわ。

⑥ 声が出ない

声は自己表現をするための大切な手段。この夢を見たあなたの心には、自分の本当の気持ちをかくしておきたいという心理がひそんでいるの。心を開くことを恐れているのよ。

7 殺される

自分がだれかを殺す夢でも、だれかが自分を殺す夢でも、死ぬのは「あなた自身の中のなにか」。いままでの生き方や考え方を一新したいときに見るの。成長したいという気持ちのあらわれでもあるのよ。

8 事故にあう

人間関係のトラブルにまきこまれる不安をいだいているわ。また、実際にトラブルが起きるかもしれないので気をつけなさい、という警告である場合もあるわ。

9 死んでしまう

自分が死ぬ夢は、自分の中のある部分を捨てて新しいものを生み出すこと、つまり成長の過程であることをあらわしているわ。身近な人が死ぬ夢は、その人からはなれて独り立ちしたいという気持ちのあらわれよ。

10 血が出る

血は自分のエネルギー。血が出てしまう夢は、心に傷を負ったことを意味しているわ。なにかのぎせいになったと感じているか、血のにじむような努力の真っ最中なのかも。血があざやかなほど、その感情は強いわ。

11 閉じ込められる

この夢には、自分の殻に閉じこもっていたいという願望と、なにかにそくばくされて自由をうばわれた状態のふたつの解釈があるわ。本当はどうしたいのか、自分で考えてみるとこたえが見つかるはずよ。

12 虫がつきまとう

イラッとするような出来事や、苦手な人が虫となってあらわれるの。虫を追いはらっても、まとわりついてくるなら、とても不快に感じているということよ。

こわい夢の正しいあつかい方

夢日記をつけよう

夢を見てもすぐにわすれてしまうことも多いのでは？ 夢を通して自分を知るためには、記録する習慣をつけるのがいちばん。ノートとペンをベッドのそばにおいておき、目ざめたらすぐにメモしておくといいわ。

夢の中の登場人物は？

夢の中に出てくる人は、たいていがあなた自身をあらわすの。たとえば、あなたがきらいだと思う人があらわれたら、それは自分自身のきらいな性格をあらわしていて、自分では認めたくない部分なの。

こわい夢を見たら

こわい夢を見たからといって、恐れることはないわ。毎日をがんばって生きている人ほど、こわい夢を見やすいもの。夢の意味を知ることで、自分でも気づかなかった深層心理を知ることができるの。あなたはこわい夢を見ることで、幸せをつかむチャンスを教えてもらっているのよ。

数うらない

数字はそれぞれにいろいろな意味を持ち合わせているの。
あなたがぐうぜんえらんだ数字から、運勢が見えるのよ。
ここでは数にまつわるうらないをふたつ紹介するわね。

今日のハッピー度がわかる
小銭うらない

～ うらない方 ～

お財布の中にある硬貨の数で、
今日の運勢がわかるわ。どの硬
貨がいちばん多くあるか、それぞ
れの枚数をチェックしてみて。

※たとえば、一円玉と十円玉の枚
　数が同じなら、どちらの運勢も
　少しあるということ。両方の運
　勢を見てみてね。

今日の運気をチェック！
時間うらない

～ うらない方 ～

ふと時計を見たとき、時刻は何分だった？　その数によって、24時間以内の吉凶がわかるわ。

あなたがふと見た
時刻は何分だった？

診断 **A**	0　11　22　33　44　55
診断 **B**	12　23　34　45　56
診断 **C**	21　32　43　54
診断 **D**	10　20　30　40　50
診断 **E**	1　3　5　7　9　13　15　17　19 25　27　29　31　35　37　39　41 47　49　51　53　57　59
診断 **F**	2　4　6　8　14　16　18　24　26 28　36　38　42　46　48　52　58

診断はつぎのページを見てね！➡

診断結果

今日の運勢は？

ハッピーに過ごすためには？

一円玉が多い

うっかりミスをしやすいとき。行動に移す前に、しっかり確認してみて。

五円玉が多い

ラブ運が好調。笑顔で過ごせば、さらにハッピー度がアップするわ！

十円玉が多い

平凡な一日になりそう。よいことをすると、運気がアップするわ。

五十円玉が多い

友情運がある日。友だちに誠意をしめせば、さらにハッピーに！

百円玉が多い

ほめられ運あり。いままでの努力を評価され、才能が花開くかも。

五百円玉が多い

発表会が大成功したりと、超ハッピーな日。ごほうびもありそうよ。

今日はどんな運気？

診断 ### カンがさえる日

スピリチュアルなセンスが高まるとき。直感がさえるので、自分がこうしたいと思ったら、意志をつらぬいて。

診断 ### 吉報が入る日

イケイケムードに突入の予感。前からやりたいと思っていたことを行動に移せるチャンス。前向きにGOして◎！

診断 ### よくない報告が入るかも

うれしくない報告や、聞きたくなかった情報が入ってくるかも。気にしすぎず、早めに気持ちを切りかえてね。

診断 ### 区切りをつけるとき

中途半端になっていたことに決着がつきそう。どちらかに決めたいことがあるなら、今日中にカタをつけて。

診断 ### あせると失敗しやすい日

落ちつきをなくしたり、あせってしまい失敗しやすいとき。なにをするにもまずは落ちついて、冷静にね。

診断 ### チャンスをのがすかも

のんびりしすぎる日。チャンスをのがさないように、アンテナを張って。やるべきことに早めに取りかかると◎。

ここでは、不思議な力のある、7つの手相を紹介するわ。
右手には生まれ持った運勢、左手には現在の運勢がきざまれているから、
手相は左手を見てみて。

手相の基本

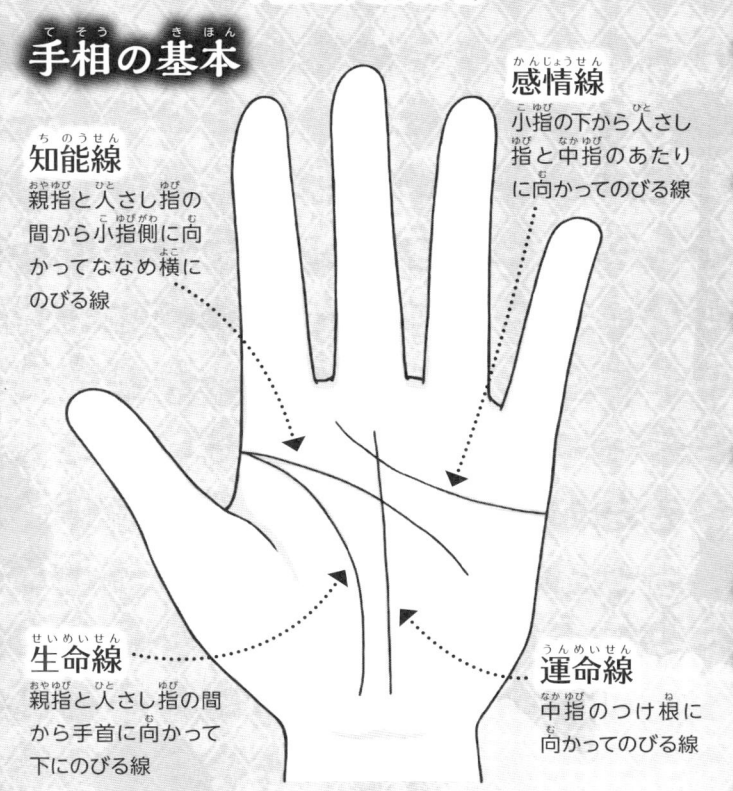

知能線
親指と人さし指の間から小指側に向かってななめ横にのびる線

感情線
小指の下から人さし指と中指のあたりに向かってのびる線

生命線
親指と人さし指の間から手首に向かって下にのびる線

運命線
中指のつけ根に向かってのびる線

診断結果（しんだんけっか）

不思議（ふしぎ）な7つの手相（てそう）

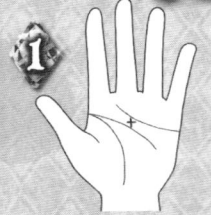

①

神秘十字（しんぴじゅうじ）

感情線（かんじょうせん）と知能線（ちのうせん）をはしわたしする、十字になっている線のこと。霊感（れいかん）が強く、守護霊（しゅごれい）に守（まも）られているので、事故（じこ）にあいそうになっても危機一髪（ききいっぱつ）で助（たす）かるような不思議（ふしぎ）な運命（うんめい）を持（も）っているわ。

2つの線からはなれていても神秘十字（しんぴじゅうじ）よ。

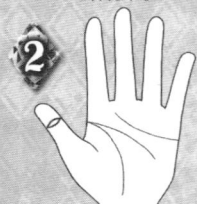

②

仏眼（ぶつがん）

親指（おやゆび）の第一関節（だいいちかんせつ）の内側（うちがわ）にできる線が目のような形になっている手相のこと。ふつうの人には見えないものが見えたりする霊感（れいかん）の強い人にあるの。記憶力（きおくりょく）がいいので、暗記（あんき）すれば、テストでいい点が取（と）れそう。

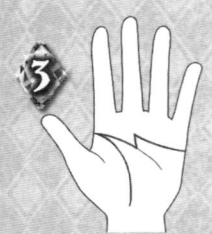

③

ラッキーM（エム）

生命線（せいめいせん）、知能線（ちのうせん）、運命線（うんめいせん）、感情線（かんじょうせん）の4つでM（エム）ができている線のこと。洞察力（どうさつりょく）があり、うそを見やぶることができる力（ちから）を持（も）っているわ。さらに、チャンスをものにできるので、将来（しょうらい）は夢（ゆめ）をかなえられるかも。

④

スター

3本の線がまじわってできる手相（てそう）。これが出たら、願（ねが）いごとがかなうのよ。人さし指（ひと ゆび）の下にできたら最強（さいきょう）だけど、中指（なかゆび）の下なら恋（こい）の願（ねが）いがかない、薬指（くすりゆび）の下なら金運（きんうん）がアップ、小指（こゆび）の下なら勉強（べんきょう）の成績（せいせき）がアップしそうよ。

トライアングル

三角の形をした手相のこと。これが出ると、願いがかなうまであと少しという意味よ。失敗を恐れず、どんどんチャレンジしてみて。たとえ最初はうまくいかなくても、それがつぎへのステップになるはずよ。

てのひらのいろいろな場所に出るのよ。

フィッシュ

線の先にできる魚のような形の手相のこと。運命線の先につながっていたら、いままでの努力がむくわれ、ビッグな幸運をつかむことができるわ。知能線につながっていたら、勉強で好成績を残せるかも。

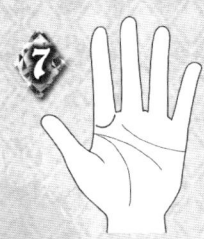

ソロモンの輪

人さし指のつけ根にできるゆるいカーブを描く線、または直線のこと。この線がある人には神のご加護があるのよ。幸運が舞いこむから、チャレンジするチャンス! 線が複数あると、さらに力が高まるわ。

手相は運気とともに変わるもの

手相は一生変わらないものではなく、かなり変化しているわ。基本的な線でも枝分かれしたり、形が変わってきたり。自分の気持ちしだいで幸運のマークがあらわれることも。また、ペンで幸運の線を書きこむのも運気を変えるよい方法なのよ。

トランプうらない 1
今日、あなたはついている？ついていない？

使用するカード

ジョーカーをのぞく52枚

うらない方

1 カードを裏にして、机の上でよくまぜてから集めて。

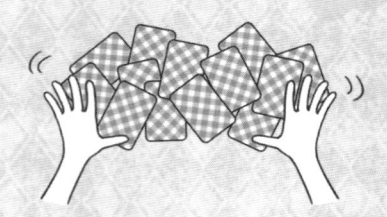

2 カードをめくりながら、同じマークに分けていって。このとき同じマークが7枚そろったら、カードをまとめて、わきにおいておいて。

7枚そろったらまとめてわきへ

3 さらにカードをめくり続け、もう1回マークが7枚そろったら、そこでストップ。

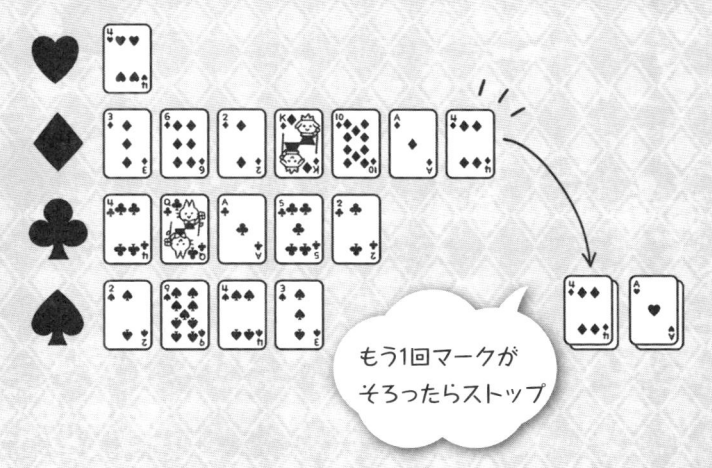

> もう1回マークが
> そろったらストップ

4 1番目にそろったマークと2番目にそろったマークの組み合わせで、運勢がわかるわ（順番は関係ないよ）。

診断はつぎのページを見てね！ →

診断結果

今日のラッキーポイントは？

♥と◆ ラブ運がラッキー

恋のハッピーハプニングの予感。フリーの人は、すてきな男の子にめぐりあえそう。まずは友だちになって、少しずつ距離を縮めていって。片想い中の人は、カレと急接近できるチャンス到来！ モジモジしないで勇気を出すと、いいことがありそう。両想いの人は、すてきなデートができ、ふたりの仲がさらに深まりそうよ。

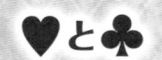

♥と♣ 友情運がラッキー

友だち運がいい日。友だちつながりで新しい友だちができたり、たのしいグループに仲間入りできたりするかも。また、親友ができる予感も。ふたりだけの約束をしたり、秘密を共有したりすれば、キズナが深まりそう。グループレジャーやイベントは、自分の役目をきちんとはたせば大成功し、大盛り上がりできそうよ。

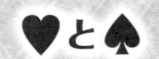

♥と♠ 表彰運あり

コンクールで入賞、発表会で大成功など、あなたの努力と実力を認められ、たたえられる予感。また、特技を披露して大きな拍手をもらえたり、習い事でレベルアップしてほめられることも。今日は、ずっとがんばってきた人がごほうびをもらえる日になりそうよ！

◆と♣ 小さな幸せ運あり

プチラッキーな日。ビッグな幸せはなくても、小さな幸せが複数訪れそう。たとえば、いちども失敗しなかったり、いやなことがなにもなかったり、好きなおかずが出てきたり、かわいい動物を見たり。なんでもないことを幸せに感じられるということは、あなたの心がおだやかということでもあるのよ。

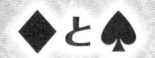

◆と♠ 吉凶混合運

吉凶混合。ラッキーなことがあったら、アンラッキーなこともついてきそうな日。いいことがあっても浮かれすぎず、緊張感を持って過ごしてね。また、いやなことがあったら、うれしいこともやってくるので、いつまでもなやまず、気分を切りかえましょ。うっかりミスから一大事が起こりやすいので、見直しや確認はかならずするようにしてね。

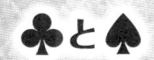

♣と♠ 勉強運がラッキー

勉強運がいい日。集中力が高まり、たのしく勉強ができるので、いつもより勉強時間を増やすのも苦にならないかも。今日のがんばりしだいで、成績アップもはかれるうえ、苦手科目を克服することもできそうよ。授業中や授業のあと、先生に質問するのもいいわ。ますます勉強意欲がわき、ほかの人に差をつけられるかも!

トランプうらない2
好きなカレとの相性は？

～ 使用するカード ～

ジョーカーをのぞく52枚

～ うらない方 ～

1 カレと自分のことを考えながら、カードをよく切って。

2 カードの山のいちばん上からめくって、表にしながら図のように1から順番においていくの。このとき、たてか横に、同じマークまたは同じ数字があったら、その2枚を取りのぞき、つめていってね。

1	2	3
4	5	6
7	8	・・・・・

〈例〉

Qが同じだからとりのぞく

↓

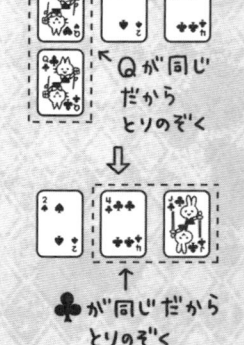

♣が同じだからとりのぞく

3 手持ちのカードがなくなるまでこれを続けていって。

とりのぞいた
カード

4 おいてあるカードの中で、どのマークがいちばん多く残っているかをチェックしてね。

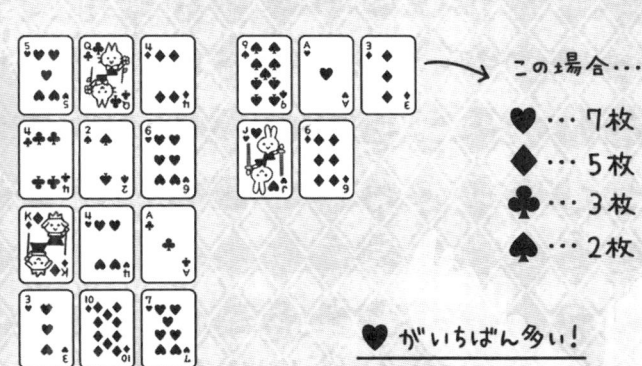

この場合…

♥…7枚

♦…5枚

♣…3枚

♠…2枚

♥ がいちばん多い！

診断結果

ふたりの相性は…?

♥がいちばん多く残った
「王子と姫」

いつかはかならず恋に落ちるふたり。
おたがいに相手をもとめ、必要とし合う相性なの。燃え上がるような恋ではないけれど、その愛情は長く続くはずよ。あなたとカレは、王子と姫のように、相手のよさを認め合い、よりそっていくことで、ともに成長できるの。ふたりの関係はまさにベストな相性といえるわ。

◆がいちばん多く残った
「ねこと犬」

最初は、おたがいに「苦手なタイプ」と思いこみ、距離をおいてしまいがちなふたり。しばらくはそんな状態が続くかも。でも、なにかのきっかけでふたりが顔を合わせるチャンスが来たら、一気に仲よくなれそう。まわりから見れば、ねこと犬のように一見合わなそうだけど、ふたりはとてもたのしくやっていけるのよ。

♣がいちばん多く残った
「ツインズ」

あなたとカレは似た者同士よ。なにも言わなくても、相手の考えていることがなんとなくわかってしまうの。自然体でいられて、とても楽だけど、つぎの行動がなんとなく読めてしまうだけに、恋に発展してもドキドキするようなことが少なそう。トキメキ不足のふたりは、恋人というより、いい親友同士になれそうね。

♠がいちばん多く残った
「水と油」

あなたとカレは、性格も考え方もぜんぜんちがうわ。最初はひかれ合うこともあるけど、交際をはじめると、たがいに反発して口ゲンカに発展。ひどくなれば、対立してしまうことも。ふたりが幸せにつき合っていくには、どちらかまたはふたりの努力が必要に。水と油がまざり合うには、根気と歩みよりが必要ってことね。

同じ数だけ残ったマークが
2種類以上ある
「エンジョイ仲間」

あなたとカレは、遊び仲間としては最高の相性よ。ふたりがいることで、ほかの仲間ともたのしく盛り上がれるの。ただ、恋のお相手となると、そうはいかないみたい。みんなでいるときはハッピーだけど、解散したら、おたがいすぐに興味をなくしそう。長続きする恋は望めないかも。

1枚も残っていない
「友だちからスタート」

ゆっくりと時間をかけて愛を育んでいけるのがこのふたり。好意を持っているのに、自分の本当の気持ちに気づかないこともありそう。ふたりは、おたがいのことを少しずつ知るうちに、心が近づいていくの。なにかのきっかけでさらに仲よくなり、よりそえる関係を少しずつきずいていけるのよ。

トランプうらない3
願いごとはかなう？

～ 使用するカード ～

ジョーカーをのぞく52枚

～ うらない方 ～

☆ふたり以上でやってね

1 ひとりがカードをよく切り、52枚のカードを裏のまま人数分に分けて。みんなに同じ枚数をくばって、まだカードがあまっていたら、わきによけておいてね。

4人なら13枚ずつ！

1　2　3　4

2 それぞれが自分のカードを裏にしたまま切り、その中から2枚えらんで。

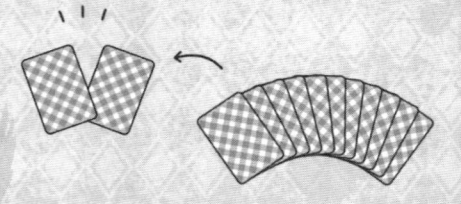

3 それぞれがえらんだカード2枚を、全員で同時にめくって見せてね。

4 ひとりがペアカード（数字が同じカード）を出すまで続けて。

※だれもペアカードが出せなかったら、もういちどカードを集めてくばり直してやってね。

うらない7 　診断結果

願いがかなうのはだれ？

いちばん早くペアカードを出した人は、いちばん早く願いごとがかなうのよ。みんなペアカードを出すのが遅かったら、願いごとがかなうのもみんな遅いってことよ。みんなが同時にそろえられたら、願いごとがかなうのもほぼ同時ね。

トランプを使った おまじない

1 すてきな男の子に出会える

用意するもの
♥のK（キング）のカード、赤い糸、ハンカチ

やり方
♥のK（キング）のカードに赤い糸を図のようにむすんで。それをハンカチにつつみ、バッグの中にしのばせておいて。恋のパワーをふりまくので、運命のカレと出会えちゃうかも！

2 好きなカレに気持ちが伝わる

用意するもの
♥のA（エース）のカード、よく使うノート

やり方
よく使うノートと♥のA（エース）のカードを用意して。そのノートのいちばんうしろのページにカードをはさむの。学校の休み時間ごとにそのカードに手をあてて。♥のA（エース）にやどる愛のパワーが、あなたの気持ちをカレに伝えてくれるわ。

３ 友だちと仲よくなれる

用意するもの

♣のQのカード、水の入ったガラスコップ

やり方

水を入れたガラスコップを用意して。♣の Q のカードの上にコップをおき、コップの真上から、すけて見えるカードを確認。友だちの顔を思いうかべながら「仲よくなれますように」ととなえてから、その水を飲みほせばOK。友情運をもたらしてくれる♣のQのパワーで、友だちと仲よしになれるわ。

４ 友だちと仲直りできる

用意するもの

正方形の白い紙、青いペン

やり方

正方形の白い紙を用意して。その4つのすみに、青いペンで図のように♥◆♣♠のマークを書き、真ん中に、仲直りしたい友だちの名前を書いて。それを二つ折りにして、手帳にはさんでおいて。4つのマークがふたりに平和な幸せをもたらしてくれるので、仲直りできるはずよ。

さとう まりか

111

こわいけど、知りたい！
霊感度うらない

1 からはじめ、質問にこたえながら進んでいってね。
たどりついたところで、あなたの霊感度がわかるわ。

1
動物がよくなつくほう？
はい… **2** へ
いいえ… **3** へ

2
くじ運はいいほう？
はい… **4** へ
いいえ… **5** へ

3
同じ夢を2回以上
見たことがある？
はい… **5** へ
いいえ… **6** へ

4
親指に仏眼がある？
（※仏眼はp98参照）
はい… **7** へ
いいえ… **8** へ

6
手を組んだとき、
左手の親指が上になる？
はい… **9** へ
いいえ… **10** へ

5
てのひらに神秘十字がある？
（※神秘十字はp98参照）
はい… **8** へ
いいえ… **9** へ

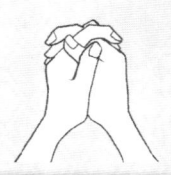

7
線香のにおいは
好きなほう？
　はい… **11** へ
　そうでもない
　　… **12** へ

8
危機一髪で助かった
という経験がある？
　はい… **11** へ
　いいえ… **13** へ

9
友だちとほぼ同時に
同じことを言ったことが
ある？
　はい… **12** へ
　いいえ… **14** へ

10
なくした物が
だいぶたってから
見つかったことがある？
　はい… **13** へ
　いいえ… **14** へ

11
第一印象は当たっている
ことが多いほう？
　はい… 診断**A**
　そうでもない… 診断**B**

12
鳴るはずのない場所で
不思議な音を聞いたことが
ある？
　はい… 診断**A**
　いいえ… 診断**B**

13
方向音痴？
　はい… 診断**C**
　いいえ… 診断**D**

14
はじめて行った場所で、
前にも来たことがあるような
感覚を味わったことがある？
　はい… 診断**C**
　いいえ… 診断**D**

診断はつぎのページを見てね！ ➡

診断結果

あなたの霊感度は…?

診断 A　霊をよびやすいタイプ

あなたの霊感度はとても高いわ。それは生まれ持った能力。さらに集中力を高めることで、この先、もっと霊体験をしそう。霊をよびやすいタイプだけど、低級霊をはねのける力も持っているので、おはらい法を勉強するとバッチリね。

診断 B　低級霊をよびやすいタイプ

あなたの霊感度はけっこう高め。まだ心霊体験をしたことがないというあなたは、これから体験することになりそうよ。霊をよびやすいけれど、特に低級霊にいたずらされやすいので、遊び半分で心霊スポットに行くのはNG。

診断 C　霊をよんでも気づかないタイプ

あなたの霊感度はそこそこ。本当は霊をよんでしまっているのに、自分では気づかないみたい。そのほうが平和ともいえるけど、これから霊感度が高くなる可能性も大。いざ霊体験してもあわてないよう、いまから勉強しておくといいわ。

診断 D　霊をよびにくいタイプ

あなたの霊感度はとても低いわ。霊はだれかに気づいてほしくてこの世をさまようけれど、あなたは気づくことがあまりないかも。基本的に霊をよびにくいので、たとえ霊がそばにいたとしても、霊はあなたのもとからはなれていくかもね。

裏キャラで診断 黒星うらない

黒星うらないは、その星座の持ちょう的な表の顔だけでなく、あなたの中にかくされた裏の顔もわかるの。裏キャラをうまく利用した恋愛アドバイスや、恋愛運アップのおしゃれアイテムも紹介するわ。

あなたは何座？

まずは、誕生日からあなたの星座をチェック！

♈
おひつじ座
(3月21日〜4月20日)

♉
おうし座
(4月21日〜5月21日)

♊
ふたご座
(5月22日〜6月21日)

♋
かに座
(6月22日〜7月22日)

♌
しし座
(7月23日〜8月22日)

♍
おとめ座
(8月23日〜9月23日)

♎
てんびん座
(9月24日〜10月23日)

♏
さそり座
(10月24日〜11月22日)

♐
いて座
(11月23日〜12月21日)

♑
やぎ座
(12月22日〜1月20日)

♒
みずがめ座
(1月21日〜2月18日)

♓
うお座
(2月19日〜3月20日)

診断結果
しんだんけっか

あなたの裏キャラは?
うら

♈ おひつじ座
ざ

冒険心がおうせいで、はじめてのことにもかかんにチャレンジする積極派。
ぼうけんしん　　　　　　　　　　　　　　　　　　　　　　　　　　　　　　　せっきょくは
リーダーシップを発揮するタイプよ。
はっき

♈ 裏キャラ
うら

意外におくびょうな
いがい
一面も
いちめん

基本的にはどんなことも攻め
きほんてき　　　　　　　　　　　せ
る、イケイケタイプのあなただ
けど、裏の顔はちょっぴりおく
うら　かお
びょう。でも体が先に動いてし
からだ　さき　うご
まって、みんなからひんしゅく
をかうことも……。そんなとき
はくよくよ考えないことがいち
かんが
ばん。

恋のギャップ作戦
こい　　　　　　　さくせん

恋がうまくいかなくなったらミ
こい
ステリアスな女の子を演出して
おんな　こ　えんしゅつ
みて。「いつも元気なのにどう
げんき
したのかな?」と思わせれば、
おも
あなたのことが気になって、カ
き
レからアクションがあるかも。

恋愛運アップの
れんあいうん
おしゃれアイテム
デニム
パンツ

♉ おうし座

コツコツと努力する堅実派よ。友だちを大切にするので、
まわりから信頼されているわ。

♉ 裏キャラ

警戒心が強く、
人見知り

マイペースでのんびりやさんの
あなただけど、裏の顔はちょっ
ぴりナイーブ。警戒心が強く、
人と打ちとけるのに少し時間
がかかってしまうの。なにを考
えているかわからないと思われ
ることもあるので、気持ちはな
るべく言葉にして伝えてね。

恋のギャップ作戦

恋がうまくいかなくなったら、
モジモジせず、ズバッと素直
な気持ちをぶつけ、そのまま
立ち去ってみて。カレはあなた
の気持ちを知って、ドキドキし
ちゃうはず。

恋愛運アップの
おしゃれアイテム

ワンピース

♊ ふたご座

好奇心がおうせいで、流行にびんかんな情報通。
おしゃべりが得意で、なんでも器用にこなせるわ。

♊ 裏キャラ

こわがりなせいで攻撃的

好奇心がおうせいなあなただけど、裏の顔はちょっぴりこわがり。そのため、つい攻撃的になり、欲しいと思ったら、真っ先にうばおうとするの。ライバルとあらそいになりかけたら、持ち前のトークセンスで、さらりと相手をかわしましょう。

恋愛運アップのおしゃれアイテム

**ショート
パンツ**

恋のギャップ作戦

恋がうまくいかなくなったら、とつぜんまじめな話題をふってみて。いつもとちがうあなたに、カレはハッとするはず。ふだんとのギャップに、あなたを見る目が変わるかも。

♋ かに座

思いやりがあって心やさしい人。
めんどう見がいいので、まわりにたよられることが多いわ。

♋ 裏キャラ

クールで
強がりな面も

思いやりがあり、情の深いあなただけど、裏の顔はちょっぴりクール。人にあまえられないから、人に相談することもできず、ひとりでがんばりすぎてつかれてしまうことも。たまには本音をぶっちゃけて、肩の力をぬいてみて！

恋愛運アップの
おしゃれアイテム
──
かごバッグ

恋のギャップ作戦

恋がうまくいかなくなったら、クールに知的な話題をふってみて。思いやりがあって温かい性格だけじゃなく、冷静な一面もあることがアピールできるから、ポイントも急上昇よ。

♌ しし座

正直でさっぱりしたタイプ。天真らんまんで、めだつことを
するのが好きなので、注目度もピカイチよ。

♌ 裏キャラ

自分にも他人にも
きびしく！

天真らんまんで、さっぱりした
性格のあなただけど、裏の顔
はちょっぴり批判的。気に入ら
ないことがあると文句を言い
たくなりそう。ダメ出しのやり
すぎはよくないけれど、たまに
するくらいなら、視点のするど
さが一目おかれるかもね。

恋のギャップ作戦

恋がうまくいかなくなったら、
強くてハッキリしたイメージか
ら一転、はかなげなムードを
かもしだすの。「ほんとは弱い
女の子かも」と思わせたら○。
カレがやさしくしてくれるかも。

恋愛運アップの
おしゃれアイテム
**キラキラ
ネックレス**

♍ おとめ座

知性的で、マナーを守る常識家。冷静に物事を見て、計画的に行動できるから、まわりも一目おいているわ。

♍ 裏キャラ

NOと言えずに損をする

表の性格は冷静なあなただけど、裏には、情が深く、人にふりまわされやすいという面がひそんでいるの。お願いされたら、本当はいやでもことわれず、なやんでしまうことも。こまったときには、いつもの冷静な自分できちんと判断してね。

恋のギャップ作戦

恋がうまくいかなくなったら、ライバルには負けないという対抗心をあらわにしてみて。カレへの強い思いをアピールできれば、きっとまた好意を持ってくれるはず！

恋愛運アップのおしゃれアイテム
ミニポーチ

♎ てんびん座

協調性があり、あらそうことが苦手で、だれとでも仲よくできる社交家。
美的センスがあり、おしゃれも上手。

♎ 裏キャラ

じつは短気な一面も

気さくで社交的なあなただけど、裏の顔はちょっぴり短気。気に入らないことがあるとカッとなったり、うまくいかなくなるとあわててしまったり……。それをかくしていることでつかれちゃうことも。気持ちをかくさず、ときには本音を伝えてね。

恋愛運アップの おしゃれアイテム

手さげバッグ

恋のギャップ作戦

恋がうまくいかなくなったら、がまんせずにやきもちを焼いたり、とりみだしたりしてみて。正直な気持ちを見せると、最初はおどろくけれど、いちずな気持ちにキュンキュンするはずよ。

123

♏ さそり座

おとなしく見えて、じつは内に情熱を秘めたミステリアスなタイプ。
興味を持ったら徹底的にがんばるわ。

♏ 裏キャラ

がんこで
意地っぱり

基本的にはひかえめなあなた
だけど、裏の顔はちょっぴり
ガンコ。いちど思いこんだら、
なかなか変えないところがある
の。あんまり意地をはっている
と、友だちやカレとギクシャク
しちゃうので、早めにおたがい
にゆずり合うのがいいわね。

**恋愛運アップの
おしゃれアイテム
革のベルト**

恋のギャップ作戦

恋がうまくいかなくなったら、
ジョークやお笑いネタで相手
を笑わせて。「本当はたのしい
ことが好きなんだな」とカレ
が思ってくれたら、カレのほう
から話しかけてきそうよ。

♐ いて座

細かいことは気にしない、おおらかな楽天家。
広い世界に飛び出し、能力を発揮して成功するタイプよ。

♐ 裏キャラ
愛想をふりまく
お調子者

おおらかでエネルギッシュなあなたの裏の顔はちょっぴりお調子者。だれとでも仲よくできるので、友だちがたくさんできるけど、ときには秘密を打ち明けるなどして深くつき合わないと、すぐにはなれていってしまうかも。

恋のギャップ作戦

恋がうまくいかなくなったら、元気なイメージから一転、女子力が高いところを見せると○。手づくりのおかしをさし入れしたりすると、カレもメロメロになるかも♥

恋愛運アップの
おしゃれアイテム

色つきの
スニーカー

♑ やぎ座

目標を決めたらしっかりと計画を立て、地道にがんばる努力家。
最後には成功を勝ち取る大器晩成型よ。

♑ 裏キャラ

傷つきやすい
弱い心の持ち主

じっくり構えるタイプのあなた
だけど、裏の顔はちょっぴり打
たれ弱いの。いちどでも失敗
すると、自信を失い、急に不
安がつのってしまうわ。「失敗
しない人なんていないし、だめ
ならまたつぎがんばればいい」
と思えば、気が楽になるわよ。

恋のギャップ作戦

恋がうまくいかなくなったら、
はなやかなファッションと、ド
ラマみたいなセリフでカレを
びっくりさせて。あなたの女の
子らしさにグッときて、カレか
らデートにさそってくるかも!

♒ みずがめ座

サッパリしていて、年齢や性別に関係なくつき合える社交的なタイプ。
たのしくて奇抜なアイデアの持ち主よ。

♒ 裏キャラ

プライドが高い
自信家

基本的にはサッパリしているあなただけど、裏の顔はちょっぴりプライドが高いの。自分はほかの人より上だと、根拠のない自信を持っているわ。そのために自分からピンチをまねいてしまうこともあるから、見栄ははらず、正直でいるといいわね。

恋のギャップ作戦

恋がうまくいかなくなったら、いつもの個性的なおしゃれをフェミニンにしたり、カンペキなマナーを披露したりしてみて。「デキるな」と思わせたら、カレ、あなたに夢中になるかも。

恋愛運アップのおしゃれアイテム

チュニック

♓ うお座

感受性が強く、人の気持ちを考えてから行動するやさしい人。
あまえるのも上手で、カンもするどいわ。

♓ 裏キャラ

こまかいことを
きびしく追求！

素直でやさしいあなたの裏の
顔はちょっぴりこまかめ。ささ
いなことに目がいって、ついつ
い口を出してしまうことが。人
のうっかりミスにきびしいツッ
コミやあげ足とりをするのはほ
どほどにして、笑って見守るよ
ゆうを持つと◯。

恋愛運アップの
おしゃれアイテム
ハイソックス

恋のギャップ作戦

恋がうまくいかなくなったら、
「最近◯◯くんが妙にやさしい
んだよね」などと、安心しきっ
ていたカレをあわてさせて。あ
なたに好意があるなら、カレか
らアプローチしてくるはずよ。

128

うらない 10 ピンチを助ける 花うらない

あなたがいまえらびたい花はつぎのうち、どれ？
直感でえらんでね。

 1 チューリップ

 2 スミレ

 **3 ユリ**

 4 ヒマワリ

 5 スズラン

 6 タンポポ

診断はつぎのページを見てね！➡

診断結果

今日のお助けアドバイス

えらんだ花で、今日、あなたが気をつけたほうがいいことがわかるわ。

 今日のあなたは、早とちりが心配。テキトーに聞いて判断していると、とんでもないまちがいをおかしがち。人の話はちゃんと聞くようにしてみて。

 今日のあなたは、ちょっとニブめ。友だちのたのしい話にすぐに反応できず、取り残されちゃうかも。わからなかったら、素直に聞き直すといいわよ！

 今日のあなたは、けっこうおくびょうになってるみたい。失敗したらどうしようと考えるより、ダメモトでいくくらいのほうがうまくいくわ。

 今日のあなたは、少しみえっぱりみたい。できないのにできると言って、ピンチをまねいてしまうかも。後悔しないよう、うそはつかないでね。

 今日のあなたは、よけいなひとことで人を傷つけてしまうかも。口は災いのもと！　あげ足とりはもちろん、きびしすぎるツッコミはひかえてね。

 今日のあなたは、少しあきっぽくなっているみたい。やりはじめたことは、たとえ壁にぶつかってやめたくなっても、最後までやりとげてみて！

こわ〜い 花言葉（はなことば）

花言葉（はなことば）には、愛（あい）や幸福（こうふく）について心温（こころあたた）まるメッセージもたくさんあるけれど、こわいものもあるのよ。ここでは、こわい花言葉（はなことば）を紹介（しょうかい）するわ。

アザミ　報復（ほうふく）

花（はな）を取（と）ろうとすると、トゲがささってしまうアザミ。そのトゲで国（くに）を守（まも）ったというスコットランドの言（い）い伝（つた）えもあるのよ。

オニユリ　嫌悪（けんお）

だいだい色（いろ）の花（はな）びらの中（なか）に、不気味（ぶきみ）さを感（かん）じさせるような黒（くろ）い斑点（はんてん）があるオニユリ。赤鬼（あかおに）を思（おも）わせるような花（はな）なのよ。

黒（くろ）バラ　憎（にく）しみ、うらみ

バラの花（はな）は色（いろ）によって花言葉（はなことば）がちがうわ。相手（あいて）を呪（のろ）い殺（ころ）す黒魔術（くろまじゅつ）のような黒（くろ）バラをおくられたら気（き）をつけて。

黒（くろ）ユリ　呪（のろ）い

ひとりの男性（だんせい）に深（ふか）く愛（あい）されていた女性（じょせい）が、ねたまれて、根（ね）も葉（は）もないうわさを流（なが）されたの。うわさを信（しん）じ、怒（おこ）りくるった男性（だんせい）は、愛（あい）していたはずの女性（じょせい）を殺（ころ）してしまったの。死（し）ぬ間際（ぎわ）に女性（じょせい）は、「3年（ねん）たって山（やま）に黒（くろ）ユリが咲（さ）いたとき、あなたの家（いえ）はほろびるでしょう」と言（い）った。それが黒（くろ）ユリの花言葉（はなことば）の由来（ゆらい）よ。

シロツメクサ　復（ふく）しゅう

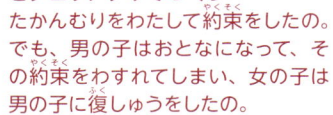

ある女（おんな）の子（こ）が好（す）きな男（おとこ）の子（こ）に「おとなになったらわたしと結婚（けっこん）してね」とシロツメクサでつくったかんむりをわたして約束（やくそく）をしたの。でも、男（おとこ）の子（こ）はおとなになって、その約束（やくそく）をわすれてしまい、女（おんな）の子（こ）は男（おとこ）の子（こ）に復（ふく）しゅうをしたの。

リンドウ　悲（かな）しんでいるときのあなたが好（す）き

ひとつの場所（ばしょ）にたくさん生（は）えず、一本（いっぽん）ずつ咲（さ）くために、悲（かな）しみを思（おも）わせる花（はな）と言（い）われているわ。

あなたの本当の性格は？
裏血液型うらない

1 からはじめ、質問にこたえながら進んでいってね。
たどりついたところが、あなたの裏血液型なのよ。

1
「変わってるね」と
言われると、
じつはうれしい
　はい… **2** へ
　そんなことは
　ない… **3** へ

2
新発売のものは
けっこうチェックしている
　はい… **5** へ
　そうでもない… **4** へ

3
失敗しても、
立ち直りは早いほう？
　はい… **6** へ
　そうでもない… **5** へ

4
ブランド品は
ものすごく欲しいと思う
　はい… **8** へ
　そうでもない… **7** へ

5
自分がしゃべるより、
人の話を聞くことが多い
　はい… **8** へ
　そうでもない… **9** へ

6
ズバリ、三日ぼうず？
　はい… **10** へ
　そんなことはない… **9** へ

自分がどう思われているか、
けっこう気になる
　気になる… **Ａ型**
　そうでもない… **11** へ

うそをついても
バレることが多い
　はい… **11** へ
　あまりバレない… **12** へ

変顔（へんがお）をするのが好き
　はい… **13** へ
　そうでもない… **14** へ

ひとりでいるより、
たくさんの人と
いっしょにいたい
　はい… **12** へ
　そうでもない… **13** へ

目標（もくひょう）は公言（こうげん）しないで
やりとげようとする
　はい… **Ａ型**
　口にしてからやる… **Ｏ型**

たよられると、
がぜんはりきってしまう
　はい… **Ｏ型**
　けっこうプレッシャー… **ＡＢ型**

夏休みの宿題（しゅくだい）は
ギリギリになってやるほう？
　はい… **Ｂ型**
　早めにとりかかるほう… **Ａ型**

本当はそう思っていないのに
人をほめたりすることがある
　ある… **ＡＢ型**
　ほとんどない… **Ｂ型**

診断（しんだん）はつぎのページを見てね！➡

診断結果

あなたの裏血液型は？

ここでは生まれついての血液型を表血液型、いまのあなたの性格や
行動が何型っぽいかということを裏血液型とよぶわね。
「こうなりたい」と意識して自分を変えていくことで、
裏血液型はこの先どんどん変わっていく可能性があるわ。
P132のチャートから裏血液型がわかったら、
自分の表血液型にあてはめて診断してみて。

 血液型の持つ性格とは？

A型
友だち思いで気くばり
上手の誠実ガール

慎重で責任感が強く、たのまれたことは最後までやりとげるの。思いやりが深く、人の相談にも親身になるので、信頼度も高いわ。

B型
気さくでマイペースな
ムードメーカー

好奇心がおうせいで楽天的。興味を持ったことにはとことんのめりこむタイプ。ルールを意識せず、マイペースに進めてしまうだいたんさも。

O型
めんどう見がよく、
情にあついアネゴ肌

人なつっこくて愛きょうがあるタイプ。おおらかだけど、自分なりのこだわりをもっているの。正義感が強く、友だちを大切にするわ。

AB型
クールでおしゃれな
スマートガール

ソフトな印象と気のきいたトークが魅力。さわいだかと思うと、急にクールになったり、ふたつの性格をバランスよく持っているタイプよ。

 **裏　A型（エーがた）タイプ**

 表（おもて）も A型（エーがた）のあなた

慎重（しんちょう）でとてもまじめなタイプ。誠実（せいじつ）で友だちは多いけど、まわりの人によく見られたいという気持（きも）ちが強く、無理（むり）に背のびをしてつかれちゃうことも。まわりへの警戒（けいかい）心（しん）を少しゆるめてみて。

 **表（おもて）が B型（ビーがた）のあなた**

気持ちに正直（しょうじき）な B型（ビーがた）にはめずらしく、本音（ほんね）をかくすタイプ。また失敗（しっぱい）するとかなりヘコんでしまうけど、ばんかいしようとするがんばりやね。素直（すなお）な気（き）持ちを口にしてみて。心が軽（かる）くなるわよ。

 表（おもて）が O型（オーがた）のあなた

O型（オーがた）の押（お）しの強さと A型（エーがた）の空気を読むところが、バランスよくそなわったタイプ。責任感（せきにんかん）があり、めんどう見もいいので、先輩（せんぱい）からも信頼（しんらい）されているわ。いつも思いきりよく行動（こうどう）してみて。

 表（おもて）が AB型（エービーがた）のあなた

思いやりがあり、こまやかに気をくばるタイプ。誠実（せいじつ）なので、だれからも好（す）かれているわ。でも、家族（かぞく）や親しい友だちにはわがままが爆発（ばくはつ）しがち。身（み）近（ちか）な人への気くばりもわすれないでね。

 **(裏) B型タイプ**

(表)がA型のあなた

ちょっぴりめだちたがりやで、どこか個性的な雰囲気を持っているタイプ。ただ、常識にとらわれない言動をすることがあり、まわりをふりまわしてしまうことがあるので気をつけて。

(表)もB型のあなた

B型らしい、とても個性的なタイプ。ユニークな発想力があり、まわりからの注目度も高いわ。ただ、自己主張をしすぎるので、友情にヒビが入らないよう、人の意見も聞くようにすれば○。

(表)がO型のあなた

「これだけはゆずれない」というこだわりを持ったタイプ。サッパリしていてつき合いやすいけれど、まわりへの気くばりは、あまりなさそう。こまっている人を助けると、感謝されそうよ。

(表)がAB型のあなた

つき合い上手なAB型とB型の性格が合わさった、マイペースなお姫様タイプ。わがままを言ってまわりをふり回すことがあるけれど、許せる範囲をわかっているから、かわいがられるわ。

 **裏 O型タイプ**

 がA型のあなた

責任感が強く、引き受けたことはかならず行うド根性ガール。まわりからの信頼度も高く、たよられることが多いわ。でも気が短い部分もあるから、カッとなってしまったら深呼吸してみて。

 がB型のあなた

マイペースなB型にはめずらしく、負けずぎらいなタイプよ。目標をかかげたら、ビッグな成功をおさめることも夢じゃないわ。ただ計画どおりに動くのが苦手だから、三日ぼうずにならないようにね。

 もO型のあなた

大きな目標があると、パワー全開でつき進むタイプ。その行動力は、みんなから一目おかれているわ。でもいきおいがあるあまり、自己中になってしまうことも。まわりを見るよゆうを持てば最強よ。

 がAB型のあなた

冷静なAB型とO型の行動力をあわせ持つタイプ。クールに見えてじつは親しみやすく、自然と人をひきつけるの。でも心によゆうがなくなると、行動が雑になりがち。最後までていねいにね。

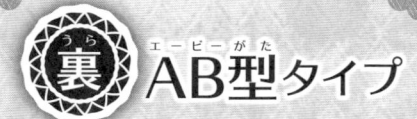 裏 AB型タイプ

表がA型のあなた

なんでもテキパキと器用にこなすことができるタイプ。まわりからはデキる人と思われているけど、じつは繊細で、ひとりでなやんでしまうところも。思い切って友だちに相談してみて。

表がB型のあなた

熱しやすいB型にはめずらしく、クールなタイプ。人づき合いが上手なので、友だちは多いほうよ。ただ、頭の回転が速く、思ったことをそのまま口にしてしまうことも。人を傷つけないようにね。

表がO型のあなた

情熱的なO型とは思えないほど、デリケートで知的なタイプ。人とあらそうことがきらいだから、苦手な人とも仲よくできるわ。ストレスをためやすいから、親友には本音を聞いてもらって。

表もAB型のあなた

上品で落ちついている、おとなのムードあふれるタイプ。だれとでも仲よくできる社交派だから、友だちも多いわ。ただ、本心をなかなか言わないので、ときには自分の意見を主張してみて。

うらない
12

明日の運勢は？
コインうらない

～ 用意するもの ～

五円玉

～ うらない方 ～

1 五円玉を両手の中でふって、「明日の運勢を教えてください」と唱えたら、手をはなすの。

明日の運勢を教えてください!!

2 これを3回やり、落ちた五円玉の表と裏の組み合わせで明日の運勢がわかるのよ。

表

裏

診断はつぎのページを見てね！➡

139

診断結果

明日はどんな一日？

コインの表と裏の組み合わせで、明日の運勢がわかるわよ。

表 表 表

最強のラッキーデー！

向かうところ敵なしの最強運。自分の直感を信じ、迷わず進んで正解よ。新たなチャレンジも明日がチャンス！　予想以上にいい展開になりそう。

表 裏 表

気持ちがフラフラ

考えがコロコロ変わりやすいとき。絶対にがんばろうと思っていたのに急にどうでもよくなるかも。深呼吸して、初心を思い出して！

表 裏 裏

パワーダウンしがち

最初のいきおいがすごすぎて、早いうちにエネルギーを使いはたしてしまいそう。時間をかけてやりとげることを意識すると、うまくいくわ。

裏 表 裏

大波小波運

いいことがあれば、いやなこともある日。でも、そんな試練があなたを成長させてくれるのよ。いつでも笑顔をわすれないで！

表 表 裏

気をぬかないで！

順調に進んでいたことに、壁が立ちはだかるかも。強引に進めるより、現状をしっかり見つめ、なにをどうするべきかを冷静に考えると◯。

裏 表 表

ねばり勝ち

いきなり障害が立ちはだかるかも。でも、あきらめずにがんばれば、かならず成功を勝ち取れるわ。友だちからのアドバイスも期待できそうよ。

裏 裏 表

ライバル登場

まさかの強敵があらわれて、意欲をそがれるかも。でも、ひるまずにがんばれば、実力が確実についてくるとき。あきらめないで！

裏 裏 裏

ツイてないかも

タイミングをのがしたり、よかれと思ってしたことが裏目に出たり、ツイていないと感じるかも。いままでとやり方を変えると、意外にスムーズに進展しそう。

うらない 13

あなたの黄金の才能がわかる！
神秘数うらない

あなたの生年月日から神秘数を出してみて。あなたが
どんなタイプかわかるわ。そこから気をつけたほうがいいことや、
将来の才能まで、うらなえるわよ。

～ うらない方 ～

あなたの生年月日（西暦）の数字をすべて足してね。2けたになっ
たら、その数字もバラして足し、1けたにするよ。

2+0+0+6

例 2006年11月25日生まれの場合

$2+0+0+6+1+1+2+5=17$

$1+7=8$

神秘数は「8」となるわ。

診断はつぎのページを見てね！

診断結果

将来向いている職業

あなたの神秘数はなんだった？
あなたのタイプや秘めた才能、アドバイスがわかるわよ。

神秘数 1 めんどう見のいい めだちたがりや

あなたは明るくてはなやかなムードを持った人。めんどう見がよく、人をたのしませることが大好きよ。めだちたがりやなので、パーティーやイベントなどでは自然と中心人物に。ただ、自信過剰になってトラブルを起こしやすいので、人の意見には耳をかたむけて。見栄をはらず、知らないことは知らないと言えるようになると、人気もアップするわ。

黄金の才能 独立心おうせいなあなたは、自分で会社やお店を経営すると成功しそう。テレビのプロデューサー、女優などにも向いているわ。

神秘数 2 思いやりと包容力でつつみこむ人

あなたは人の気持ちをいちばんに考える思いやりのある人。さりげなく気をつかうこともできるので、だれからも好かれ、人気も高いけれど、じつは好ききらいがはげしい面も。好きな人には、母親のようなあたたかさで接するわ。感受性が強く、想像力も豊かなだけに、悪いほうに考えてつかれきってしまうことも。空想より現実を見て、前向きにね。

黄金の才能 人の気持ちを読み取れるあなたは、カウンセラーやうらない師でも成功できそう。ナースやマネージャーにも向いているわ。

神秘数 3 陽気で楽天的な自由人

あなたは素直で陽気な人。失敗してもくよくよせず、いつでも前向きな楽天家よ。探求心もおうせいで、興味を持ったことはとことん追求するわ。おおざっぱなところがあるけれど、なんでも人なみ以上にこなせる力も持っているの。ただ、衝動的に無ぼうなチャレンジをして、どろ沼にハマることも。そんなときは自力でなんとかしようとせず、素直に助けをもとめるのが正解よ。

黄金の才能 変化や移動が多い職業に向いていて、雑誌記者、キャビンアテンダントなどが◎。スター性もあるのでタレントでも活躍できそう。

神秘数 4 ひたむきで誠実な常識家

あなたは誠実な努力家。目標を決めると、時間がかかってもあきらめず、コツコツと努力を重ねるの。自分だけでなく人にもきびしいので、心を許せる友だちは少なめ。でも、いざとなるととてもたよりになるので、年上からも一目おかれているわ。近づきにくいオーラを出しがちなので、もう少し人にやさしくして、交流を増やしていくと人気もアップ！

テストで百点とる！

黄金の才能 信頼度が高く、安定をもとめるあなたは、公務員、弁護士、秘書などで活躍できそう。自分で事業をはじめるのも向いているわ。

神秘数 5 器用でのみこみの早い人

あなたは頭の回転が速く、1を聞いて10を知るタイプ。好奇心もおうせいで、いろんなことに興味を持つので、なんでもよく知っているわ。順応性が高く、環境が変わっても、だれとでもすぐに仲よくできるの。文章を書くことやトークも上手なので人気も高い人よ。ただ、視野がせまく、こまかいことを気にしがち。気になることも笑って見過ごせるよゆうを持てば、鬼に金棒よ。

黄金の才能 のみこみが早く、適応能力が高いあなたは、アナウンサー、通訳、作家などで成功できそう。アイデア力を活かしたCMプランナーも。

神秘数 6 人をいやすおだやかな誠実派

あなたは人とあらそうことをさけ、おだやかに問題を解決しようとするタイプ。親切で誠実な上に、人をいやす力を持っているの。美的センスが高く、さりげないおしゃれができるので、友だちからもあこがれられているわ。難点は、あなたががまん強いので、友だちがどんどんわがままになりやすいこと。できないことははっきりとノーと言って。

黄金の才能 芸術的センスが高いあなたは、スタイリスト、デザイナー、パティシエなどに向いているわ。モデルなどの注目される職業もいいわ。

神秘数 7 ユニークで人好きな天才肌

あなたは発想が豊かで、生みだすアイデアがとてもユニーク。名誉やお金よりも、夢や希望を大切にするの。常識にとらわれない考え方を持つので、変わり者と思われることも。性別や年齢に関係なく、だれとでも仲よくできるので、友だちがとても多いタイプよ。ただ、基本的にクールなので、水くさい人と思われがち。こまったときは、だれかにあまえていいのよ。

黄金の才能 アイデア力にすぐれたあなたは、アートディレクター、発明家などで活躍できそう。教育関係にも向いているので、教師もピッタリ。

神秘数 8　負けずぎらいの　がんばりや

あなたはこうと決めたら苦労や障害をものともせず、目標を達成するまでがんばり続ける努力家。また、勇気にあふれ、行動力もあるので、いつの間にかリーダー的な立場でまわりをひっぱっていくわ。ただ、自分に自信を持っているだけに、人に頭を下げるのをきらうため、トラブルになることも。協調性を意識すればうまくいくわよ。

黄金の才能　競争相手の多い職業で実力を発揮できるあなたは、スポーツ選手や営業職もピッタリ。人をまとめる管理職でも成功できるわ。

目指せ日本一！

神秘数 9　心やさしく　カンのするどい人

やさしくて感受性が強いタイプ。同情心が強く、自分をぎせいにしても人を助けようとするところがあるわ。また、霊感など神秘的な力を持つ人も多く、相手の顔を見ただけで精神状態を読み取ってしまう場合も。ただ、気分が変わりやすいので、とつぜん予定を変更してまわりをふりまわす心配が。約束はやぶった分だけ信用をなくしていくので、なんとかはたせるように努力してみて。

黄金の才能　イマジネーションが豊かなあなたは、アーチストや女優で実力を発揮できそう。セラピスト、看護師などの人をいやす職業もピッタリ。

がんばって

！

黒パワーがひそんでいるかも？
今日の言霊うらない

黒パワーとは、マイナスにはたらいてしまう力のことよ。
今日、気になった言葉をこたえて、
どんな黒パワーがひそんでいるか、うらなってみてね。

うらない方

1 教科書や新聞など、文字がならんでいるページで、なんとなく気になった箇所を見つけたら、そこで好きな行数だけえらんで。わくでかこめるなら、シャーペンなどの消せるものでかこんでもいいわ。全部で50〜100くらい文字があればOKよ。

2 漢字、ひらがな、カタカナ、数字やアルファベットなどがまざっていると思うけど、ひらがなの数だけを数え、五十音のどの行がいちばん多かったかを出してみて。行ごとにひらがなを書き出していくとわかりやすいわ。「ん」は数に入れないでね。

今日は快晴。桜のた。絶好のお花見いので、みんなでお母さんが作ってトにつめて持って

<例>

今日は快晴。桜の花もほほ満開になりました。絶好のお花見日和ですね。天気もよいので、みんなで出かけることにしました。お母さんが作ってくれたお弁当をバスケットにつめて持って行きます。

たとえば上の文章をえらんだとするわ。この場合、た行がいちばん多かったってことよ。

※「が」「ば」などの濁音、「ぱ」などの半濁音もふくめてね。

あ行…おいおお
か行…かけこがくき
さ行…しすししさす
た行…たでででとたってた
　　　つてって
な行…のになのねのなにに
は行…はほほ
ま行…もまもみまめま
や行…よ
ら行…りるれ
わ行…を

診断はつぎのページを見てね！ ➡

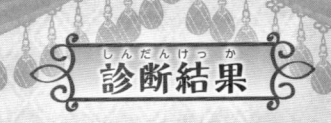

診断結果

あなたの黒パワーは…？

いちばん多かったのは、どの行だった？　診断表で当てはめてみてね。
P147の＜例＞でいちばん多いのは「た行」。た行は、診断表で見ると、
診断Bとなるの。もし、同じ数のものが複数あった場合は、
どちらの診断も当てはまるということよ。

いちばん多かった
行をえらんでね！

診断 A	か行
診断 B	た行　な行　ら行
診断 C	あ行　や行　わ行
診断 D	さ行
診断 E	は行　ま行

診断 A　お調子者な黒パワー

今日のあなたは調子にのりやすいかも。人からたよりにされると、調子
にのってよけいなことまでしがち。まずいと思ったら、流水で手を洗い、
黒パワーを封印して。緑の色鉛筆をお守りに持ち歩くといいわ。

診断 B 強引な黒パワー

今日のあなたはエネルギッシュ。注目されると強気になってまわりをふりまわしてしまうかも。強引すぎるかも……と思ったら、植物にタッチして黒パワーを封印して。赤いペンを身につけておくといいわ。

診断 C ガンコな黒パワー

今日のあなたは思いこみが強くなりそう。自分本位でしか動かないので、チームワークを乱してしまうかも。休み時間などに、太陽に手をかざして黒パワーを封印して。砂消しゴムをかばんに入れておくといいわ。

診断 D なまけものの黒パワー

今日のあなたは気まぐれモード。やる気が出るとすぐに動くけれど、気がのらなければダラダラしがち。のんびりしすぎたな……と思ったら、地面にタッチし、黒パワーを封印して。缶ペンケースがお守りになるわ。

診断 E 目移り黒パワー

今日のあなたは頭の回転が速くて、発言がころころ変わりがちだから、不信感を持たれてしまうかも。意見を変えてしまったら、金属製のアクセサリーをにぎって黒パワーを封印。透明の定規をお守りにしてね。

いまをみちびく 前世うらない

あなたは前世でどんな職業だったのかしら？ **1** からはじめ、質問に
こたえながら進んでいってね。たどりついたところがあなたの診断よ。

1
本を読むのが好きなほう？
はい… **3** へ
そうでもない… **2** へ

2
たくさんの友だちより、
ひとりの親友が
いるほうがいい
はい… **4** へ
そうでもない… **5** へ

3
ファッションは
スポーティなものより
フェミニンなものが好き
はい… **5** へ
いいえ… **6** へ

4
ひとりでできるスポーツより、
チームスポーツのほうが好き
はい… **7** へ
そうでもない… **8** へ

5
人前でしゃべるのが好き
はい… **9** へ
いいえ… **8** へ

6
グループの中では、
リーダーというより
サポートタイプ
はい… **10** へ
いいえ… **9** へ

7 つき合うカレには
リードされたいと思う
　はい… **11** へ
　そうでもない… **12** へ

10 ゲームにハマることが
よくある?
　はい… **15** へ
　そうでもない… **14** へ

8 将来はごくふつうの
お嫁さんになりたい
　はい… **12** へ
　そうでもない… **13** へ

9 特技を持っている?
　はい… **14** へ
　特にない… **13** へ

11 宿題をわすれたことは
いちどもない
　はい… **17** へ
　わすれたことが
　ある… **16** へ

12 家族のだれかに物や
おこづかいをおねだり
したことがある
　はい… **16** へ
　いいえ… **17** へ

13 はっきり言って勉強が好き?
　はい… **19** へ
　そうでもない… **18** へ

14 とびぬけて苦手な科目がある
　はい… **18** へ
　苦手科目はあるけど
　それほど差はない… **19** へ

15
めだつのはけっこう
苦手なほう
　　はい… **19** へ
　　めだつのは好き… **20** へ

16
恋と友情のどちらかを
えらぶなら、恋をえらぶ
　　はい… 診断**A**
　　いいえ… 診断**B**

17
運動会では、
クラス対抗リレーが
いちばん燃える
　　はい… 診断**B**
　　ほかの種目で燃える
　　ものがある… 診断**D**

18
ズバリ、あなたは
のんびりしているほう？
　　はい… 診断**C**
　　いいえ… 診断**E**

19
将来の夢がある？
　　はい… 診断**D**
　　まだよくわからない
　　… 診断**A**

20
どちらかをえらぶとしたら、
女優より監督をやってみたい
　　はい… 診断**E**
　　女優がいい… 診断**C**

診断はつぎのページを見てね！ →

診断結果

あなたの前世はどんな人？

あなたはA〜Eのどのタイプにたどりついたかな？
前世を知ることで、現世の運命が見えるのよ。

診断 E 勇かんな男性実業家

あなたの前世は、勇かんでリーダーシップのある男性実業家。自分が得意な分野を仕事にして、自分の城を築き上げたの。あなたの下には何人も部下がいて、テキパキと仕切っていたわ。誠実で気くばり上手なので、人望も厚く、だれからも信頼されていたの。現世では、大恋愛の末に女性としての幸せをつかむことを運命づけられているわ。

あなたの前世は、たぐいまれなる才能を持ったマイペースな芸術家。生まれ持った芸術的センスからつくり上げる作品は、多くの人たちを魅了したわ。その作品の魅力が口コミで広がり、あなたの名はどんどん広まっていったの。ときには有名人からオファーが来ることも。現世では、仲間と力を合わせ、チームワークを大切にすることを運命づけられているわ。

診断 **C** デキるキャリアウーマン

あなたの前世は、バリバリ仕事をしていたキャリアウーマン。頭の回転が速く、アクティブ。器用で判断力もすぐれていたので、まわりの人たちからは尊敬されていたの。そんなあなたをしたってついてくる人はたくさんいたわ。仕事がたのしくてしかたなかったあなたは、家庭はあと回しに。現世では、愛する人を立てながら家庭を守ることを運命づけられているわ。

診断 D カンペキな良妻賢母

あなたの前世は、家庭を守るかわいいお嫁さん。やさしいだんなさんとかわいい子どもたちにかこまれて、たのしく幸せに暮らしていたわ。家事もきちんとこなし、だんなさんを立てる、まさに良妻賢母だったの。いつも笑い声が聞こえてくるような幸せな一家よ。現世では、自分の夢に向かってまっすぐにつき進み、成功をつかむことを運命づけられているわ。

診断 E 人気バクハツ看板娘

あなたの前世は、お店の看板娘。人目を引くような美ぼうを持ち、オーラもとびぬけてかがやいていたわ。あなたがいるだけで、その場のムードがはなやかになるの。あなたに会いたくてお店を訪れるお客さんがあとを絶たなかったみたい。その人気はまるでアイドルなみ。現世では、表舞台よりも裏方にまわり、影の実力者となることを運命づけられているわ。

風水を使った おまじない

風水とは？

宇宙にはさまざまな気のエネルギーが流れているわ。風水とは、そのエネルギーを使ってラッキー運を取り込む技術のことよ。たとえば、ひとつの部屋でも、方角によって、ただよう気のエネルギーはそれぞれちがうの。その霊的なパワーを上手に利用して、運気アップに役立ててね。

運気がアップする7つのおまじない

風水を利用した、運気がアップするおまじないを教えちゃうよ。
気になるものから、やってみて！

1 ラブ運を高めたい！

恋愛のハッピー度を高めるには、部屋の西にオレンジ色の小物をおくといいわ。ただし、終わった恋の思い出の品物が部屋に残っていると、マイナスの気が残るため、新たな出会いを遠ざけてしまうの。未練を断ち切り、いさぎよく処分してしまいましょう。

２ 勉強運を高めたい！

集中力を高め、気持ちよく勉強に打ちこみたいときは、部屋の南に赤い物をおくといいわ。赤いペン、赤いペンスタンド、赤い時計など、なんでもＯＫ。勉強に関するものを南側におくのも○。たのしく実力アップできるはずよ。

３ 友情運をアップさせたい！

友だちと仲よくなる、親友ができるなど、友情運をアップさせるには、北西の位置に銀色の物をおくといいわ。たとえば銀色のスプーンをおくのも○。スプーンには幸運をすくいとるという意味もふくまれているので最強よ！

4 かわいく魅力的な 女の子になりたい！

かわいくてだれからも好かれる
ような魅力的な女の子になり
たいときは、部屋の南側に鏡
をおいておくといいわ。毎日そ
の鏡を使いながらお手入れする
と、魅力がきらめくはず。また、
部屋の東に緑の物をおいておく
のも○。寝ている間に美人度
アップよ！

5 勝負運をアップさせたい！

試合に勝つとか、コンテストに
入賞するなど、勝負運を高めて
くれるのは東からのパワーよ。
東は太陽がのぼる方角。マイナ
スの気をはらい、ツキをもたら
してくれるの。東側に窓がある
なら、なるべく開けて、プラス
のエネルギーを取り入れて。東
に青い小物をおくのもいいわ。

6 くじ運、懸賞運をアップさせたい！

くじや懸賞に当たりやすくするためには、西に金色の物をおいてみて。たとえば金色のアクセサリーを、ピンなどで壁にとめておいてもいいのよ。また、応募はがきを書くとき、西の方に向かって書くといいわ。ただ、西側に窓やドアがあるなら、そこからツキが逃げないようきちんと閉めておいて。

7 学校行事やクラブ活動で活躍したい！

学校のイベントやクラブ活動で活躍するためには、南のエネルギーをかりましょう。南に流れる気は、芸術センスや自己表現力を高めてくれるのよ。部屋の南にパープルの小物をおくといいの。紫色の折り紙でカゴやツルなどを折ったものでもOKよ。

監修　　　**雅 るな**（みやび るな）

イラスト　　　　シンカイモトコ、ミニカ、つじなつみ、
　　　　　　　　雨玉さき、みつき成星
マンガ　　　　　みつき成星
本文デザイン・DTP　チャダル108
編集協力　　　　アルカナケイヴ
執筆協力　　　　雅　るな
校正　　　　　　田川多美恵

＊本書で使用した漢字のうち、およそ小学校 3 年生以上で習う漢字には
　ふりがなをつけました。

◆◆◆◆◆◆◆◆◆◆◆◆◆◆◆◆◆◆◆◆◆◆◆◆◆◆◆◆◆◆◆◆◆◆◆◆◆◆

ゾクゾク！　あたる！
こわ〜い心理テスト＆うらない

監修者　雅　るな
発行者　池田　豊
印刷所　株式会社光邦
製本所　株式会社光邦
発行所　株式会社池田書店
〒 162-0851　東京都新宿区弁天町 43 番地
電話 03-3267-6821（代）／振替 00120-9-60072

ISBN978-4-262-15484-8